Ricardo de Moura Faria
Mônica Liz Miranda

Da Guerra Fria à
Nova Ordem Mundial

editora**contexto**

Copyright© 2003 Ricardo de Moura Faria
Mônica Liz Miranda

Todos os direitos desta edição reservados à
Editora Contexto (Editora Pinsky Ltda.)

Coordenação editorial
Carla Bassanezi Pinsky

Diagramação
Denis Fracalossi / Gustavo S. Vilas Boas

Revisão
Luciana Salgado
Jane Cantú
Mayara Cristina Zucheli

Capa
Antonio Kehl

Dados Internacionais de Catalogação na Publicação (CIP)
(Câmara Brasileira do Livro, SP, Brasil)

Faria, Ricardo de Moura
Da Guerra Fria à Nova Ordem Mundial / Ricardo de Moura
Faria, Mônica Liz Miranda. – 2. ed., 1ª reimpressão. – São Paulo :
Contexto, 2025.

ISBN 978-85-7244-252-7

1. Guerra Fria – História 2. História moderna – Século 20
3. Política mundial I. Miranda, Mônica Liz. II. Título

03-5688   CDD-327.112

Índices para catálogo sistemático:
1. Guerra Fria : Política internacional   327.112

2025

EDITORA CONTEXTO
Diretor editorial: *Jaime Pinsky*

Rua Dr. José Elias, 520 – Alto da Lapa
05083-030 – São Paulo – SP
PABX: (11) 3832 5838
contato@editoracontexto.com.br
www.editoracontexto.com.br

Sumário

Introdução

No século XVI, o filósofo Thomas Hobbes afirmou que a guerra não é caracterizada apenas pela luta nos campos de batalhas, mas também pelo período de tempo em que a vontade de entrar em conflito é conhecida pelas partes envolvidas. Uma "vontade de lutar" dominou o cenário internacional entre o final da Segunda Guerra Mundial, em 1945, e o final da década de 1980. Esse período tornou-se conhecido como "Guerra Fria" e teve como protagonistas as duas superpotências: EUA e URSS. "Guerra fria" porque não foi travado um conflito armado direto entre os dois Estados, mas o confronto ocorreu por meio da intimidação, de boicotes econômicos, espionagem, propaganda, diplomacia. Além disso, envolveu conflitos militares propriamente ditos localizados fora do território desses dois grandes opositores, sendo que muitas vezes eles próprios participaram diretamente com seus arsenais e suas tropas.

Esse conflito, fruto da bipolaridade que marcou a política internacional ao final da Segunda Guerra Mundial (1939-1945), conforme veremos no primeiro capítulo, manteve o mundo em estado de perigo iminente de guerra mundial, pois tanto os EUA quanto a URSS, sobretudo o lado norte-americano, defendiam a ideia de que apenas a constante ameaça de um confronto nuclear e o consequente extermínio das partes em conflito poderia garantir a paz mundial (paz armada). Dentro desta lógica, a paz seria impossível. Esse discurso, muitas vezes, se caracterizou mais pela ameaça fatalista do que por ações concretas que demonstrassem que o fim da civilização estava para acontecer a qualquer momento.

Direta ou indiretamente, todas as nações participaram da Guerra Fria, que teve entre suas consequências milhões de vítimas fatais, países invadidos, por razões quase sempre pouco nítidas para a opinião pública mundial, mas que estavam claramente inseridas nos projetos de hegemonia, seja norte-americana ou soviética. Quais seriam esses projetos de hegemonia construídos pelas duas superpotências? É preciso esclarecer que os discursos e as estratégias adotadas pelos EUA e URSS estavam alicerçados em ideologias opostas. De acordo com o diplomata brasileiro Gelson Fonseca Jr.:

> A lógica de seus modelos, se levada às últimas consequências, resolveria definitivamente os problemas da paz e do desenvolvimento. O socialismo, se universalmente implantado, permitiria a eliminação das desigualdades sociais e, ao mesmo tempo, estabeleceria condições para a paz universal, pois afinal, países socialistas não guerreariam entre si. Do outro lado, os países ocidentais, liderados pelos EUA, afirmavam que só a democracia liberal, ao garantir as liberdades fundamentais, asseguraria a mais completa realização dos indivíduos, tanto do ângulo econômico quanto político. Estariam, assim, garantidas a riqueza e a liberdade e, adicionalmente, também a paz, pois, afinal, democracias são regimes pacíficos e não guerreariam entre si. (Fonseca Jr., Gelson. O sistema internacional durante a Guerra Fria. In: Revista USP *Dossiê 50 anos final de Segunda Guerra*. São Paulo: USP, 1989, n. 26, p. 131).

Os governos norte-americano e soviético construíram um novo mapa geopolítico no qual foi definida a distribuição de forças no final da Segunda Guerra Mundial. A URSS passou a controlar ou exercer grande influencia nas zonas ocupadas pelas suas tropas ou por outros exércitos comunistas naquele momento, ao passo que os EUA estenderam seu controle sobre o resto do mundo capitalista, assumindo, entre outras, as áreas de domínio dos antigos impérios coloniais.

Na perspectiva de um mundo bipolar, as áreas de influência de cada superpotência eram bombardeadas continuamente pela propaganda, fazendo com que acreditássemos estar no melhor dos mundos, e a partir dessa certeza era necessária a adesão de seus cidadãos e aliados na luta contra o Mal, representado pelo outro lado. Cidadãos e/ou aliados, aceitávamos os grandes investimentos militares, visto que o "outro" era sempre muito perigoso e hostil. Tudo que fizéssemos ainda era pouco, pois o "outro" tinha poderes que, dir-se-ia, eram malignos e insidiosos, penetrando ou tentando penetrar nos corações e nas mentes de cada habitante do planeta. Enquanto um bloco tentava se defender e garantir a paz o outro se expandia conduzindo à guerra, numa luta constante entre a liberdade e a tirania. Até que ponto essa propaganda era verdadeira? Possivelmente ela deveria ter um fundo de verdade, com base nas distintas visões existentes. No entanto, o que se pode verificar hoje, com mais clareza, é que todos fomos vítimas dos interesses inconfessados de poder das duas superpotências (EUA x URSS), que por muito pouco não destruíram o planeta, já que a probabilidade de ocorrer uma grande guerra atômica não era um pesadelo sem fundamento a atemorizar as pessoas na época.

Promover uma reflexão acerca do conflito "Guerra Fria", evidenciando as relações de poder e seus desdobramentos que caracterizam a política internacional no período de 1947 a 1991, é o propósito deste livro. Assim, pretendemos identificar as origens da Guerra Fria, analisar os principais eventos do fenômeno abordado, compreender o significado das transformações vivenciadas pela humanidade naquele momento e mostrar como o Brasil se tornou uma peça do complicado jogo de xadrez das grandes potências. Além disso, um destaque especial será dado às questões envolvidas no final do conflito, quando começa a ser delineada uma "Nova Ordem Mundial", considerada por muitos uma verdadeira "Nova Desordem Mundial", como veremos na conclusão deste livro.

O entendimento das mudanças – socioeconômicas e geopolíticas – que se operaram neste início de milênio pressupõe o conhecimento das relações de poder entre os blocos norte-americano e soviético frente ao mundo naquele período, pois foram a base de muitos dos problemas mundiais que prevalecem nos nossos dias. Portanto, conhecer as diferentes dimensões da Guerra Fria, suas motivações, equívocos e horrores, pode nos ajudar a refletir acerca das nossas crises e conflitos atuais, além de contribuir para a busca de soluções que priorizem uma convivência pacífica, tolerante e solidária entre os povos.

O final da Segunda Guerra e a emergência de uma nova Ordem Mundial bipolar

Em setembro de 1945 terminou a Segunda Guerra Mundial, deixando um saldo assombroso de destruição e mortes. Aproximadamente cinquenta milhões de pessoas foram vitimadas e, dessas, quase a metade eram cidadãos soviéticos:

Nº DE MORTOS DURANTE A SEGUNDA GUERRA MUNDIAL (1939-1945)

Países	Nº de mortos (mil e milhões)
Reino Unido	400.000
Estados Unidos	406.000
Tchecoslováquia	415.000
Itália	450.000
França	600.000
Japão	1.400.000
Iugoslávia	1.500.000
Polônia	5.800.000
Alemanha	entre 4,5 e 6 milhões
China	entre 15 e 20 milhões
URSS	20 milhões

(Fonte: Frank, Robert. *Histoire*. Paris: Berlin, 1995, p.18)

Tal como na Primeira Guerra, o palco da luta foi, sobretudo, o território europeu, se bem que o envolvimento japonês determinasse muito mais movimentos militares na Ásia e no Pacífico do

Na charge de Belmonte, a mão de Deus aponta acusadoramente para Hitler. Publicada em janeiro de 1945, retratava a opinião, generalizada, de que o ditador alemão era o responsável pela Segunda Guerra Mundial.

que em 1914-18. Devido a isso, o continente europeu era o que se encontrava em piores condições ao final do conflito.

A destruição material foi imensa; inúmeras cidades haviam sido varridas do mapa. Desabastecimento, cartões de racionamento, mendicância e desespero, comprometimento do transporte, colapso da economia, representavam alguns dos aspectos do quadro europeu no pós-guerra.

A política internacional passou também por expressivas alterações. Ao final da Segunda Guerra, as potências tradicionais – Inglaterra, França, Alemanha, Japão – encontravam-se exauridas de grande parte dos seus recursos materiais e humanos, possibilitando, então, a consolidação de novos centros de poder, representados pelos Estados Unidos e União Soviética. Caberia a essas duas superpotências decidir o futuro do mundo.

Eram elas as grandes vitoriosas e, mais do que isso, possuidoras de projetos hegemônicos. De suas diferenças, de suas ideologias contrárias, enfim, de suas oposições surgiu um novo conflito – chamado Guerra Fria – que definiu as tensões vividas entre as nações nas décadas de 1950 a 1980.

O BOLO REPARTIDO: Yalta e Potsdam

De 4 a 11 de fevereiro de 1945, Joseph Stalin, ditador da URSS, presidente dos EUA, Franklin D. Roosevelt, e o primeiro ministro a Inglaterra, Winston Churchill, se reuniram na cidade de Yalta, a Crimeia. Eles eram os "três grandes" aliados que estavam, naquele momento, atingindo o território alemão, permitindo entrever que a Segunda Guerra terminaria em breve. Entre as principais decisões tomadas em Yalta apontam-se:
1) o compromisso da URSS em entrar na guerra contra o Japão tão logo o conflito na Europa se encerrasse;
2) a criação da Organização das Nações Unidas (ONU), órgão destinado a solucionar pacificamente as controvérsias internacionais;
3) a Declaração sobre a Europa Livre, que determinava a escolha democrática dos governantes pelas suas respectivas populações.

Essa reunião teve, segundo boa parte dos historiadores, um caráter "cordial", mas que não era suficiente para ocultar os interesses geopolíticos conflitantes dos "três grandes". Indiscutivelmente, a vitória soviética sobre as tropas nazistas que ocupavam a Europa oriental dava a URSS uma posição de proeminência em Yalta. Essa posição foi utilizada por Stalin para conseguir que americanos e ingleses concordassem que as áreas de ocupação das tropas da URSS se tornassem "área de influência" soviética. Apesar de existirem, naqueles países, governos de coalizão, em que partidos comunistas e não comunistas participavam igualmente do governo, Stalin conseguiu que nenhum político hostil a URSS alcançasse o poder naquelas nações que lhe faziam fronteira.

O primeiro problema a complicar a estratégia de Stalin ocorreu na Iugoslávia. De acordo com as decisões de Yalta, esse país ficaria sob influência soviética e inglesa, em proporções iguais. No entanto, durante a guerra, os comunistas, liderados por Josip Broz Tito assumiram o poder completamente no país, recusando-se no pós-guerra a permitir que os ingleses pudessem exercer alguma influência. O desgaste provocado por essa situação levou ao rompimento de Stalin e Tito.

Foi na Polônia, entretanto, que essa estratégia de Stalin causou mais problemas. Como se sabe, a Polônia foi invadida, em 1939, tanto pelos alemães como pelos soviéticos, em função do Pacto de Não agressão, firmado entre Hitler e Stalin.

Em 1945, quando o exército russo derrotou e expulsou as tropas nazistas da Polônia, o governo polonês passou a ser disputado por duas autoridades governamentais que defendiam posições opostas. Em Londres, encontrava-se o governo polonês no exílio, presidido por Wladyslaw Raczkiewicz e composto por grupos nacionalistas conservadores, aliados aos ingleses. Enquanto isso, nas áreas controladas pelas tropas soviéticas, foi constituído o governo pró-URSS, organizado na cidade de Lublin e liderado por Boleslaw Bierut – considerado um "testa de ferro" de Stalin.

Para resolver o impasse, foram designados três diplomatas, que, no entanto, não conseguiram solucioná-lo a contento. Na verdade, essas negociações demonstravam que o "espírito cordial" de Yalta começava rapidamente a morrer. Ressalte-se que a maior intransigência partiu de Churchill, insistindo em que lideranças claramente hostis à URSS participassem do governo polonês. A questão foi resolvida com a entrega de um quarto dos ministérios a não comunistas, mas essa solução continuou não agradando aos ingleses.

Na Conferência de Potsdam, realizada de 17 de julho a 02 de agosto de 1945, ficaram visíveis os desentendimentos. A posição dos Estados Unidos, que num primeiro momento fora bastante conciliatória, modificou-se radicalmente. Em grande parte isso se devia à morte do presidente Roosevelt, agora substituído pelo vice-presidente Harry Truman. Além disso, os Estados Unidos dispunham também da bomba atômica (lançada sobre o Japão alguns dias após o encerramento da conferência) o que lhes proporcionava um trunfo para as negociações.

Durante a conferência, Churchill, que perdera as eleições na Inglaterra, foi substituído por Clement Atlee.

Decidiu-se, em Potsdam, pelo desarmamento completo da Alemanha, pela desnazificação (eliminação de todos os vestígios referentes ao nazismo) e pelo julgamento de criminosos de guerra nazistas. Contudo, os acordos sobre as fronteiras da Alemanha e da Polônia, assim como as indenizações de guerra, exigidas pela URSS e condenadas pelos ingleses, não foram contemplados.

A Alemanha ficaria dividida em três setores de ocupação: inglês, soviético e norte-americano. No entanto, a pedido da França, um quarto setor foi criado. A capital, Berlim, localizada no setor soviético, também seria ocupada de forma quadripartite.

A partir dessa nova confrontação de forças, as potências capitalistas passaram ao enfrentamento com a URSS, tentando reverter as decisões tomadas em Yalta. Estava configurado o cenário da Guerra Fria.

UM DISCURSO, uma doutrina

O ano de 1946 começou sob o signo de profundas divergências. Em 5 de março, essas divergências ficaram mais evidentes quando o ex-primeiro ministro britânico pronunciou na Universidade de Fulton, no estado norte-americano de Missouri, um discurso que ficou famoso.

A expressão "cortina de ferro" foi utilizada por Churchill para designar os limites entre o mundo ocidental e o oriental, este caracterizado pelo totalitarismo, enquanto aquele pela democracia.

Em seu discurso Churchill denunciava as supostas intenções do bloco soviético:

> Uma sombra desceu sobre o cenário, até bem pouco iluminado pela vitória aliada. Ninguém sabe o que a Rússia Soviética e sua organização comunista internacional pretendem fazer no futuro imediato, ou quais os limites, se os há, de suas tendências expansionistas e de proselitismo. [...]
> De Stettin, no Báltico, até Trieste, no Adriático, uma cortina de ferro foi baixada através do continente europeu. Atrás dela estão as capitais dos antigos Estados da Europa Central e Oriental. Varsóvia, Berlim, Praga, Viena, Budapeste, Belgrado, Bucareste e Sofia, todas essas cidades famosas e as populações à volta delas estão na esfera soviética e sujeitas, de uma forma ou outra, não apenas à influência soviética, mas a um controle intenso e cada vez mais forte, de Moscou. [...] Os Partidos Comunistas, que eram muito pequenos em todos esses estados orientais da Europa, foram colocados num destaque e desfrutam de um poderio muito superior a sua proporção numérica, e buscam obter, em toda parte, o controle totalitário. Governos policiais predominam em quase todos os casos, e, até agora, exceto na Tcheco-eslováquia, não há verdadeira democracia. [...]
> Quaisquer que sejam as conclusões que possamos tirar desses fatos – e fatos realmente o são – sem dúvida não estará entre elas a de que essa é

a Europa libertada que lutamos para conseguir. Nem que encerre os elementos essenciais de uma paz permanente. (Churchill, Winston. Discurso na Universidade de Fulton, no Missouri, em 5.3.1946. In: Morray, J. P. *Origens da Guerra Fria*. Rio de janeiro: Zahar, 1961, pp. 64-6).

Entre as intenções de Churchill, ao pronunciar esse discurso, estava a de convencer o governo norte-americano da necessidade de apoio aos governos grego e turco na luta que empreendiam contra os guerrilheiros comunistas em seus respectivos países. Até aquele momento os ingleses haviam colaborado com a causa, mas, devido à penúria provocada pela guerra, eles não tinham mais condições de continuar a ajudar aqueles aliados. Assim, Churchill transferia essa responsabilidade aos EUA.

Os soviéticos, por sua vez, tentaram convencer os norte-americanos de que Churchill se equivocara em sua análise. Nas palavras de Stalin:

> Na verdade, Churchill e seus amigos na Inglaterra e nos Estados Unidos apresentam às nações que não falam inglês um ultimato: Aceitem voluntariamente nosso domínio e tudo estará bem; de outro modo, a guerra é inevitável. [...]
>
> Não pode haver dúvida de que a posição do Sr. Churchill é uma posição de guerra, um grito de guerra contra a URSS. E também claro que é uma posição incompatível com o Tratado de Aliança existente entre a Grã-Bretanha e a URSS. [...]
>
> O Sr. Churchill se aproxima um pouco da verdade ao falar da crescente influência dos partidos comunistas na Europa Oriental. Essa influência cresceu não só na Europa Oriental, mas em quase todos os países da Europa que estiveram sob domínio fascista [...]
>
> A crescente influência dos comunistas não pode ser considerada como fortuita. É coisa perfeitamente lógica. A influência dos comunistas cresceu porque, no período do domínio fascista na Europa, eles se mostraram dignos de confiança, destemidos, prontos ao sacrifício, na luta contra o regime fascista pela liberdade dos povos. [...].
>
> É claro que o curso dos acontecimentos não agrada ao Sr. Churchill, e ele faz soar o alarme e apela para a força. Também não lhe agradou o nascimento do regime soviético na Rússia, após a I Guerra Mundial. (Stalin, Joseph. For peaceful coexistence: postwar interviews. In: Morray, J. P. op. cit., pp. 68-72.)

Contudo, Truman considerou as opiniões de Churchill e, em 11 de março de 1947, encaminhou ao Congresso uma mensagem solicitando a aprovação de créditos para apoiar os governos grego e turco. Na justificativa, apresentava argumentos semelhantes aos formulados por Churchill. Essa mensagem, conhecida como Doutrina Truman, segundo a maioria dos historiadores, marcou o início oficial da Guerra Fria. Dizia Truman:

> No presente momento praticamente todas as nações devem escolher entre formas de vida alternativas. Muito frequentemente essa escolha não é livre. Uma forma de vida é baseada na vontade da maioria e distingue-se por instituições livres, governo representativo, eleições livres, garantias à liberdade individual, liberdade de expressão e eleição, e ausência de opressão política.
> Uma segunda forma de vida é baseada na vontade de uma minoria imposta pela força à maioria. Recorre ao terror e à opressão, a um rádio e uma imprensa controlados, a eleições decididas de antemão e à supressão das liberdades pessoais.
> Creio que a política dos Estados Unidos deve consistir no apoio aos povos livres que estão resistindo à subjugação por minorias armadas ou pressões externas. (Roberts, J. M. *História do Século XX*. São Paulo: Abril, [s.d.],v. 5, pp. 2320-1)

Com a Doutrina Truman e com seus "dois braços" (o Plano Marshall e a OTAN), os Estados Unidos se prepararam para conter a URSS. Basicamente, aceitava-se o *status quo*, ou seja, aquilo que URSS já havia conseguido como área de influência seria respeitado, mas qualquer possibilidade de expansão soviética enfrentaria a oposição efetiva dos norte-americanos.

As ações norte-americanas pressupunham que a URSS estaria realmente interessada em expandir-se e teria os recursos necessários para tal empreitada. Seria isso de fato verdade?

O historiador polonês Isaac Deutscher, conhecedor da realidade soviética, discordava dessa possibilidade, contra-argumentando que suposta expansão soviética constituía-se em um mito criado e difundido pelo governo norte-americano para legitimar suas ações imperialistas. A URSS, segundo Deutscher, era "um colosso branco sangrante", que havia perdido vinte milhões de habitantes durante a guerra e estava, naquele contexto, aniquilada. Como se poderia supor que essa nação pudesse ameaçar a Europa com uma invasão? Como poderia tentar desafiar os EUA, que emergiram da guerra com todo seu parque industrial intacto e com poucas perdas humanas se comparado aos demais países envolvidos no conflito? De fato, a URSS não teria, naquele contexto, qualquer possibilidade de tentar dominar outro país. Encontrava-se completamente debilitada pelas perdas ocorridas na Segunda Guerra Mundial, e até mesmo seu fabuloso exército de mais de onze milhões de soldados fora desmobilizado, restando pouco mais de três milhões engajados. Deve-se recordar, ainda, que os Estados Unidos dispunham de armamentos atômicos, num momento em que a URSS ainda não os possuía.

E, como veremos, se, a partir de 1948 a URSS realmente dominou os países da Europa oriental, isso se deveu não a um plano previamente traçado, mas foi tão somente uma retaliação as ameaças norte-americanas.

A Guerra Fria "clássica" – anos 50

A mensagem que o presidente Truman enviou ao Congresso solicitava recursos para auxiliar a Grécia e a Turquia. No entanto, logo o governo norte-americano percebeu que o projeto de contenção da influência da URSS não ocorreria de forma localizada e emergencial. Era necessário pensar em termos globais. A Europa ocidental era a principal preocupação, pois, destruída como estava, tornou-se um campo fértil para a propagação dos ideais comunistas. Ainda mais se lembrarmos que a resistência ao nazismo, na época da guerra, decorrera notadamente dos Partidos comunistas que gozavam, ao final do conflito, de um maior prestígio entre as populações.

Nos países da Europa oriental, durante a guerra, haviam se constituído as Frentes de Resistência que, com apoio dos soviéticos, contribuíram para a derrota nazista. Essas frentes se transformavam em "governos provisórios", nos quais a influência dos partidos comunistas era visível. Reforma agrária e a nacionalização das indústrias foram algumas das medidas tomadas por elas. Tudo isso podia incentivar os partidos comunistas ocidentais a chegarem ao poder. A imagem de uma Europa comunista aterrorizava os governantes norte-americanos.

Assim, a Doutrina Truman, também chamada de Doutrina de segurança Nacional, implicou na necessidade de um planejamento estratégico global. Logo, diretamente derivados dela, surgiram dois "braços" que foram imediatamente colocados em prática pelos Estados Unidos: o Plano Marshall e a OTAN.

A OTAN e o Plano Marshall

O Plano Marshall recebeu esse nome em homenagem a um de seus principais mentores, o general George Marshall. Esse plano consistia num amplo programa de ajuda financeira aos países da Europa ocidental, a ser desenvolvido no período de 1948 a 1952. Previamente, uma Comissão para a Cooperação Econômica Europeia (CEEC) formada por representantes europeus, definiu as linhas mestras dessa ajuda. Dezessete países, incluindo a parte ocidental da Alemanha, compunham essa comissão, que chegou as seguintes proposições:

> Foram esboçados quatro objetivos principais: um aumento na produtividade agrícola e industrial, que atingisse pelo menos os níveis do pré-guerra; alcançar a estabilidade financeira; a cooperação econômica entre os países participantes e uma solução para o problema do déficit de dólares por meio do aumento das exportações. Os membros prometeram cooperação, redução das tarifas e, por fim, a conversibilidade da moeda. (Adam, D. K. Plano Marshall: a reconstrução da Europa. In: Roberts, J. M. Op. cit., pp. 2325-6.)

Deve-se ter em mente que a ajuda norte-americana não seria totalmente desinteressada e nem estava relacionada apenas as questões da Guerra Fria. Afinal, os Estados Unidos podiam lembrar-se dos problemas causados em 1919, ao final da Primeira Guerra Mundial, quando deixaram à Europa a tarefa de reconstrução. A falta de apoio norte-americano agravara a situação dos países europeus. Estes, destruídos e devendo altas somas aos EUA, e ao mesmo tempo necessitando importar desde alimentos a produtos industrializados norte-americanos, ficaram em situação ainda mais precária. Esta situação, em parte, contribuiu para a eclosão da grande crise de 1929, que abalara mundialmente o capitalismo na época.

Evitar uma nova crise do capitalismo mundial tornou-se prioridade absoluta. Até mesmo os antigos partidários da política isolacionista norte-americana, que buscava defender estritamente os interesses de seu país, cediam à ideia de que financiar a reconstrução da Europa significava salvar a própria economia dos Estados Unidos. Nos quatro anos de existência do Plano, a Europa recebeu cerca de 13,5 bilhões de dólares. A Inglaterra foi o país que mais se beneficiou.

O Plano Marshall - Importância recebida (em milhões de dólares)

País	Importância recebida
Inglaterra	3.176
França	2.706
Itália	1.474
Alemanha Ocidental	1.389
Holanda	1.079
Grécia	694
Áustria	667
Bélgica-Luxemburgo	556
Dinamarca	271
Noruega	254
Turquia	221
Irlanda	146
Iugoslávia	109
Suécia	107
Portugal	50
Trieste	23
Islândia	29

(Fonte: Roberts, J. M. *História do século XX*. São Paulo: Abril, [s.d.], v.5, p. 2327).

Da mesma forma, essa ajuda foi oferecida aos países da Europa oriental e à própria URSS. Contudo, Stalin recusou-se a aceitá-la nas condições propostas e impediu que as nações europeias orientais também o fizessem. Tais condições eram, realmente, complicadas, pois, para conceder o financiamento, os Estados Unidos teriam que dispor de uma verdadeira "radiografia" das condições econômicas do país, além de definirem quais as áreas que deveriam ser contempladas com os recursos do Plano Marshall. Consequentemente, Stalin percebeu que o governo norte-americano passaria a dispor de dados estratégicos sobre seu oponente e abriria espaço para reestruturação da economia dos países socialistas conforme os interesses do capitalismo internacional.

Somente a Iugoslávia, já com certo estremecimento diplomático entre seu presidente Tito e Stalin, optou pela aceitação e foi beneficiada com cerca de 109 milhões de dólares.

O outro "braço" da Doutrina Truman foi a criação da OTAN – Organização do Tratado do Atlântico Norte – uma aliança militar entre os Estados Unidos e os países da Europa ocidental. Produto daquela doutrina, a OTAN surgiu em 04 de abril de 1949 como uma aliança militar de ajuda mútua, liderada pelos EUA, visando proteger as fronteiras do mundo ocidental contra a mega do bloco comunista. Composta inicialmente por 12 países – EUA, Canadá, Bélgica, Dinamarca, França, Holanda, Islândia, Itália, Luxemburgo, Noruega, Portugal e Grã-Bretanha recebeu a adesão posterior da Turquia e da Grécia (1952), da República Federal Alemã (1955) e da Espanha (1982).

Em contrapartida, o bloco soviético reagiu a OTAN firmando em 14 de maio de 1955 o chamado Pacto de Varsóvia ou Organização do Tratado de Varsóvia (OTV), congregando a Albânia, Bulgária, Tchecoslováquia, República Democrática Alemã, Hungria, Polônia, Romênia e União Soviética. Em 1968, a Albânia desligou-se do Pacto.

George Kennan, representante do Departamento de Estado norte-americano, 15 anos depois da criação da OTAN, afirmou que:

> Após a Segunda Guerra Mundial, os responsáveis pela política americana não eram capazes de enxergar o comunismo senão em termos de ameaça militar. Ao criar a OTAN haviam traçado uma linha imaginaria através da Europa contra um ataque que ninguém estava planejando. (Deutscher, op. cit., p. 16.)

Não deixa de ser sarcástico este comentário, vindo de um dos maiores batalhadores pela criação da OTAN.

EUROPA: o primeiro palco da Guerra Fria

A Europa, dividida em dois blocos – ocidental e oriental, foi o primeiro palco para as ações das grandes potências.

Mesmo antes da formulação da Doutrina Truman, as reparações de guerra que deveriam ser pagas pela Alemanha a URSS começaram a ser mantidas na própria Alemanha. Tal fato gerou protestos de Stalin, que afirmava ser esta atitude uma clara demonstração de que os Estados Unidos queriam condenar os soviéticos à ruína (pois, com certeza, Stalin pensava em poder utilizar o dinheiro das reparações para ajudar na reconstrução da URSS).

Após a Doutrina Truman e o início do Plano Marshall, os soviéticos retaliaram, criando o Kominform (órgão de informação), destinado a coordenar a política dos partidos comunistas europeus. A liderança da URSS no Kominform era indiscutível. Em seguida, foi formulada a Doutrina Jdanovs. Essa doutrina era, inegavelmente, a resposta soviética à Doutrina Truman e, de certa forma, confirmava a ideia central contida na mensagem de Truman, de que o mundo estava dividido em dois blocos com ideologias opostas. Só que, para os soviéticos, seu bloco é que era o "democrático", enquanto o norte-americano era o "imperialista".

Com essas medidas, a União Soviética visava promover o alinhamento definitivo dos países do Leste europeu às suas próprias estruturas, transformando-os, econômica e politicamente, numa extensão do Estado soviético.

O ano de 1948 foi particularmente tenso na Europa. Grandes manifestações organizadas pelo Partido Comunista da Tchecoslováquia, em fevereiro, deixaram o presidente Benes sem ação, Levando-o a aceitar a formação de um governo majoritariamente comunista, sob a liderança de Gottwald. A partir daí, os demais países da Europa oriental passaram a constituir as chamadas "Democracias Populares", tendo a URSS como modelo

Cartaz de propaganda do governo soviético destacando o ditador Stalin em meio a representantes da classe trabalhadora. A URSS transformaria os países do Leste europeu em meras extensões do Estado soviético.

político (partido único) e econômico (planificação e coletivização). O modelo político de partido único garante o controle absoluto exercido pelo Partido Comunista sobre todas as instituições, formais e informais, e a total identificação entre o partido e o Estado. As novas diretrizes estabelecidas para a economia daqueles países desencadearam o processo de estatização das atividades econômicas, que agora seriam alvo de planificação econômica, seguindo o mesmo modelo que imperava na URSS. Permanecia, no entanto, sem solução o problema da Alemanha, dividida desde o final da Segunda Guerra em quatro zonas de ocupação. As questões examinadas acima faziam com que as conversações entre os quatro vencedores sobre o destino da Alemanha ficassem emperradas. Numa conferência realizada em Londres, no período de abril a junho de 1948, os Estados Unidos, a França e a Inglaterra decidiram resolver a situação política das suas três zonas ocupadas, convocando uma Assembleia Constituinte, cujo objetivo era definir um novo Estado como uma entidade provisória. O empenho pela unificação com o lado oriental foi registrado na própria Constituição da República Federal da Alemanha (RFA), formalizada em maio de 1949. Essa busca pela reunificação, manifestada tanto pelos Aliados (EUA, França e Inglaterra) quanto pelos próprios alemães desde a Assembleia Constituinte, causou protestos por parte da URSS, que se viu em desvantagem.

Em represália, Stalin ordenou o bloqueio de Berlim, antiga capital, e que também estava dividida em quatro zonas de ocupação. Assim, no dia 24 de junho, a parte ocidental de Berlim foi bloqueada. Nenhuma comunicação rodoviária ou ferroviária era possível. Stalin tentava forçar os norte-americanos a se retirarem da cidade, mas foi surpreendido com a criação de uma ponte aérea para abastecê-la. Durante onze meses, cerca de 275 mil voos foram realizados, levando para os habitantes de Berlim ocidental todas as mercadorias de que necessitavam.

A operação impediu o isolamento de Berlim ocidental. Em 12 de maio de 1949, o bloqueio foi suspenso. Como principal consequência do bloqueio, foi criada a República Federal da Alemanha (RFA), reunindo os amigos setores de ocupação norte-americano, francês e inglês. Em contrapartida, o setor soviético foi transformado na República Democrática Alemã (RDA), incorporada ao bloco socialista. Quatro anos após, Stalin morreu e foi substituído por Nikita Kruschev. O novo dirigente soviético, em 1956, no XX Congresso do Partido Comunista da URSS, pronunciou um duro e desconcertante discurso, acusando seu antecessor de abuso de poder e de ter desvirtuado o caminho para o socialismo, que precisaria ser retomado por meio de algumas reformas. A polícia política (KGB) passaria para o controle do Partido, a direção política deveria ser colegiada, os crimes de Stalin deveriam ser revistos a partir da solicitação daqueles que se considerassem injustamente condenados. Na verdade, não se pensou em fazer reformas profundas, o que conferiu um caráter meramente retórico ao que Kruschev propunha

No entanto, nos países da Europa oriental, boa parte dos membros dos partidos, além de intelectuais, operários e estudantes, acreditaram que as reformas deveriam ser de fato implementadas e até mesmo ousou-se acrescentar novas propostas, como o pluripartidarismo, o maior controle dos operários sobre a produção. Tais ousadias não podiam ser toleradas pelos dirigentes da URSS, para quem a supremacia do Partido Comunista não era objeto de negociação.

Na Hungria, em 1956, as diferenças entre o que a URSS podia aceitar e o que desejavam estudantes e operários húngaros acabaram por levar os ânimos à radicalização. Conselhos foram criados em várias cidades com o objetivo de discutir as reformas. A impossibilidade de o Partido Comunista húngaro realizar o que pretendiam os cidadãos levou os conselhos a ampliarem o leque de reivindicações. Quando as expressões "eleições livres", "pluripartidarismo" e "sair do Pacto de Varsóvia" começaram a surgir em manifestos, a URSS decidiu pela intervenção armada.

À invasão da Hungria seguiu-se um verdadeiro banho de sangue, com milhares de mortos e aprisionados. A Hungria passou às mãos de outro dirigente, Janos Kadar, imposto pela URSS, e foi devidamente enquadrada.

Depois dessa revolta, Kruschev e os dirigentes soviéticos abandonaram o discurso reformista, voltando às práticas autoritárias que haviam marcado o período stalinista. Ficava claro, portanto, que, dentro do bloco soviético não seriam admitidas contestações ao modelo político e econômico.

A GUERRA FRIA na Ásia

O novo palco da Guerra Fria foi a Ásia.

Na China, a Revolução de 1949 levara os comunistas ao poder, liderados por Mao Tse-Tung, mesmo sem apoio da URSS. De fato, num primeiro momento Stalin havia se posicionado contrário à revolução, defendendo a ideia que o Partido Comunista Chinês desse apoio ao Partido Nacionalista (Kuomintang), o que não teve a concordância de Mao. A revolução foi feita, tornou-se vitoriosa e somente aí os soviéticos deram seu apoio. A China continental aderiu, portanto, ao modelo socialista, enquanto a ilha de Formosa (Taiwan), para onde fugiu o ex-dirigente chinês Chiang Kai-Shek, passou a adotar o nome de República Nacionalista da China, permanecendo capitalista, e recebendo grande apoio dos Estados Unidos.

O novo governo chinês, em busca de potenciais aliados, logo se interessou pelas questões situadas em suas fronteiras. Particularmente a questão da Coreia, país vizinho, chamava a atenção.

A Coreia, em poder dos japoneses durante a Segunda Guerra Mundial, passara ao final das hostilidades (setembro de 1945) a ser ocupada por tropas soviéticas (ao norte) e norte-americanas (ao sul). O limite geográfico entre as duas áreas de ocupação foi esta-

Mao Tse-Tung, numa foto oficial que o coloca como líder da juventude e do povo chinês. A revolução liderada por ele levaria os comunistas ao poder na China continental, enquanto a ilha de Formosa (Taiwan) permaneceria capitalista.

belecido no paralelo 38°. Em ambas as áreas formaram-se governos ditatoriais, apoiados pelas duas superpotências.

Em 1948, a ONU determinou a realização de eleições gerais no país para finalizar o período de intervenção militar externa e promover a reunificação da Coreia. Em fevereiro, uma Assembleia Popular foi reunida no norte e escolheu Kim Il Sung como primeiro-ministro. Em maio, as eleições supervisionadas pela ONU foram de fato realizadas no sul, dando a vitória a Syngman Rhee, aliado dos Estados Unidos e que, portanto, manteve a região na órbita do capitalismo. Já no norte as eleições gerais não se efetivaram, pois os comunistas e seus aliados soviéticos se opuseram. Em setembro de 1948, Kim Il Sung proclamou a República Comunista da Coreia do Norte, instalando um governo ditatorial.

Diante desse contexto, a divisão da Coreia em dois países tornou-se uma realidade: a Coreia do Norte e a Coreia do Sul.

As tropas de ocupação soviéticas foram retiradas da Coreia do Norte em dezembro de 1948 e o efetivo militar norte-americano deixou a Coreia do Sul em junho de 1949.

Em 25 de junho de 1950, as tropas norte-coreanas, apoiadas pela China recém-convertida ao comunismo, invadiram o território do sul com o objetivo de reunificar o país e estabelecer o regime comunista em todo o território, dando início a chamada guerra da Coreia. Os Estados Unidos conseguiram, no Conselho de Segurança da ONU, a aprovação para uma intervenção a favor do regime estabelecido na Coreia do Sul, fato ocorrido em setembro daquele ano. Assim, o território do norte foi invadido pelas tropas norte-americanas e sul coreanas, que chegaram até a fronteira com a China.

Uma reação militar da China, que intervinha no norte da Coreia, obrigou os norte-americanos a recuarem ao paralelo 38°. Nesse momento, o conflito tomou maiores dimensões, na medida em que o general norte-americano MacArthur propôs ao presidente Truman, dos Estados Unidos, que fosse utilizado o arsenal atômico contra a Coreia do Norte e a China. A proposta, entretanto, não foi aceita, pois o governo norte-americano temia uma possível represália soviética, visto que a URSS também já na ocasião, dispunha de um arsenal atômico. Mesmo assim, o conflito que durou cerca de três anos, totalizou um saldo de 900 mil soldados coreanos e norte-americanos e mais de dois milhões de civis mortos ou feridos.

Finalmente, em 27 de julho de 1953, foi assinado o armistício e a Coreia manteve-se dividida. A Coreia do Norte apoiou-se sobretudo em seus aliados soviéticos e chineses, com os quais assinou tratados de assistência militar, enquanto a Coreia do Sul permaneceu sob influência dos Estados Unidos (o governo de Syngman Rhee perseguiu duramente os coreanos simpáticos à Coreia do Norte).

Na Coreia do Norte, o Partido dos Trabalhadores Coreanos, de orientação marxista-leninista, tornou-se o maior partido político e permanece no poder até a atualidade. A reforma agrária foi realizada. A economia foi submetida ao planejamento centralizado (hoje, 90% das indústrias são estatais; os restantes 10% estão organizados em cooperativas).

Os Estados Unidos, em troca de seu apoio militar e econômico, negociaram a realização de uma reforma agrária na Coreia do Sul, para minimizar os problemas sociais e evitar o avanço comunista. Na Coreia do Sul, a presença norte-americana ainda se faz notar: há 35 mil soldados nas bases militares dos EUA naquele país.

As hostilidades permanecem nos dias de hoje, tanto que os respectivos governos da Coreia do Norte e Coreia do Sul não reconhecem um ao outro como Estado soberano, e ainda se encontram tecnicamente em guerra. Esse clima de guerra é constante na Zona Desmilitarizada, uma faixa de quatro quilômetros de largura que corta a península nas proximidades do paralelo 38º. No centro dessa zona desmilitarizada, foi traçada a fronteira política denominada Unha de Demarcação Militar, sendo que, até hoje, qualquer indivíduo que tente atravessá-la corre o risco de ser abatido a tiros pelas sentinelas de ambos os lados.

A divisão do país em Coreia do Norte e Coreia do Sul acarretou enormes perdas, sobretudo emocionais, para os coreanos, na medida em que famílias inteiras foram separadas pela Zona Desmilitarizada. Além da separação física, foi proibido qualquer tipo de comunicação entre os dois lados. No lado da Coreia do Sul, os moradores vizinhos à Zona Desmilitarizada ainda convivem com as constantes manobras de treinamento de soldados norte-americanos e sul-coreanos. No território do norte, alto-falantes estão instalados e transmitem permanentemente músicas e slogans de propaganda comunista para incentivar a deserção de civis e soldados sul-coreanos para seu lado. Ate hoje não foi computada nenhuma deserção. O lado norte-coreano disponibiliza pouca informação sobre seu povo e suas condições de vida. O país se isolou por décadas e só recentemente tem aberto alguns espaços para conseguir obter dólares e incrementar sua economia. Uma iniciativa de captação de dólares tem sido o incentivo ao turismo, que é rigorosamente controlado.

Após o fim da Segunda Guerra Mundial, os Estados Unidos, cada vez mais preocupados com a possibilidade de novos países aderirem ao bloco socialista, passaram a dar mais atenção ao Japão, organizando e financiando sua reconstrução. Era preciso transformar a nação japonesa numa autêntica "vitrine" do mundo capitalista. Os norte-americanos ocuparam o Japão desde sua rendição, em agosto de 1945, ate abril de 1952.

As autoridades de ocupação, lideradas pelo general norte-americano Douglas MacArthur, realizaram diversas reformas políticas sociais e proclamaram uma nova constituição em 1947, que negava ao Estado o direito de reorganizar as Forças Armadas e promover guerras. A nova constituição conferiu ainda às mulheres o direito de votar e aos trabalhadores possibilitou se organizarem e fazerem greves. E, por fim, o imperador perdeu todo o seu poder político e militar, passando a ser considerado um símbolo do Estado japonês. O sistema de aristocracia foi abolido e substituído por uma monarquia constitucional sob o controle de um Parlamento eleito pelo voto popular.

No setor econômico, o Japão contou, sobretudo, com o apoio dos Estados Unidos. Inicialmente houve um período de instabilidade, mas com a Guerra da Coreia (1950-1953) o Japão teve a oportunidade de reconstruir sua economia nacional, uma vez que os investimentos norte-americanos foram intensificados. Na década de 60, graças aos acordos comerciais, o Japão tornou-se uma das principais potências políticas e econômicas mundiais vindo a ser, ao mesmo tempo, um competidor econômico e satélite politico-militar dos EUA. Nas Ultimas décadas observa-se, ao lado da competição econômica, que muitos valores ocidentais foram incorporados pela população japonesa, particularmente pelas camadas mais jovens. Grupos de rock, vestuário tipicamente ocidental, inserção da mulher no mercado de trabalho são alguns exemplos dessa ocidentalização.

No período da Guerra Fria, os Estados Unidos também buscaram realizar alianças com vários outros países, visando implantar um verdadeiro "cerco" ao mundo socialista. Foram realizados pactos bilaterais, bem como a organização de blocos militares maiores. Exemplo disso foi a criação de organismos como o ANZUS (Austrália, Nova Zelândia e Estados Unidos), a OTASE (Organização do Tratado do Sudeste Asiático), reunindo Austrália, Nova Zelândia, França, Inglaterra, Filipinas, Tailândia, Paquistão e EUA, e o Pacto de Bagdá, constituído pela Inglaterra, Iraque, Turquia, Paquistão e Irã. Essas organizações regionais foram criadas com o objetivo de consolidar a hegemonia norte-americana no cenário internacional, estruturando uma força de aliados nas regiões fronteiriças aos Estados socialistas. Em troca de apoio financeiro, esses aliados, quase sempre, cediam partes de seus territórios para instalação de bases militares norte-americanas. Atualmente, os Estados Unidos contam com bases militares em cerca de 140 países, com aproximadamente 300 mil soldados espalhados em quase todos os continentes, mesmo com o final da Guerra Fria.

Todos esses tratados estavam de acordo com a "política do dominó", doutrina elaborada pelos norte-americanos, afirmando a necessidade de impedir o ingresso de qualquer país ao bloco socialista, pois isso atingiria imediatamente outros países (como peças de "dominó" enfileiradas, quando uma pedra cai sobre a outra, gerando um efeito cascata, todas as pedras terminam por cair). Em termos concretos, isso significava que para impedir tal efeito, os EUA, com o apoio de países capitalistas aliados, achavam-se no direito de interferir em qualquer país que eles considerassem ameaçado de cair em poder dos comunistas. Esse era o propósito consagrado pela Doutrina Truman, de contenção da URSS.

Em razão dessa doutrina, os Estados Unidos protagonizaram uma das mais sanguinárias e desnecessárias guerras do século XX: a guerra do Vietnã, assunto a ser abordado no próximo capítulo.

HISTERIA NA AMÉRICA: o macarthismo

Nos Estados Unidos o clima era de histeria, alimentada pela mídia e fomentada até no Congresso. Difundia-se a ideia de que os comunistas estavam em todos os lugares. Por que não estariam na América? Insidiosos, eles se infiltravam em setores fundamentais da vida norte-americana, buscando destruir os valores da sociedade cristã e ocidental. Uma boa ideia de como esses valores eram estabelecidos, encontra-se em um livro escrito pelo ex-dirigente do Federal Bureau of Investigation (FBI), J. Edgar Hoover:

> Nosso modo de viver se baseia na convicção de que o homem não vive só do pão, mas também dos seus valores espirituais. Acreditamos que, porque o homem recebeu do seu Criador uma alma destinada à imortalidade, todo o ser humano tem valor e dignidade. Estamos convencidos que um Ser Supremo guia os destinos dos homens através da Divina Providência. Em razão de nossos atos serem guiados pela tradicional lei moral judaico-cristã, temos regras intrínsecas sobre o que é certo e o que é errado. Com a Liberdade, o que é decisivo é a lei – e não o poder, – e cada indivíduo tem certos direitos inalienáveis que jamais podem ser abolidos pelo Estado. (Hoover, J. Edgar. *Estudos sobre o comunismo*. Belo Horizonte: Itatiaia, 1964, p. 198)

De onde e quando menos se esperava, os comunistas surgiam, tal qual vampiros sedentos de sangue, para devorar criancinhas e escravizar homens e mulheres ao totalitarismo. Muitos norte-americanos acreditavam em todo esse discurso anticomunista, reforçado pelos órgãos de imprensa e de entretenimento.

Quando a URSS conseguiu construir a sua bomba atômica, o medo tornou-se maior. Milhares de pessoas passaram a acreditar na iminência de um devastador e próximo ataque nuclear ao território norte-americano. Esse tema foi bastante explorado e rendeu milhões de dólares de lucros aos construtores de abrigos antiatômicos, e uma vasta produção de filmes e seriados de televisão, entre outros. Na realidade, esse pânico não encontrava justificativa sólida, sendo mais um produto de uma propaganda insistente feita pelos órgãos da imprensa norte-americana, com apoio das grandes indústrias bélicas e do próprio governo interessados em apoios constantes para seus projetos expansionistas.

Desde o final da Segunda Guerra constituiu-se um Comitê de Atividades Antiamericanas no Congresso dos Estados Unidos. Esse comitê pressionava empresários e dirigentes a demitirem funcionários considerados suspeitos. Mas sua atuação mais significativa ocorreu entre 1950 e 1954, quando o senador do Wisconsin – Joseph McCarthy – assumiu seu controle, dando início a uma verdadeira "caça às bruxas". As "bruxas", no caso, eram os supostos comunistas norte-americanos ou simpatizantes do regime soviético. Deviam ser procuradas e presas, para que a sociedade pudesse ter tranquilidade. Centenas de pessoas foram, portanto, perseguidas. Na prática, a desconfiança e a perseguição podiam estender-se a qualquer um que ousasse questionar os valores capitalistas, a política internacional norte-americana ou demandasse liberdade de expressão e maior justiça social.

Foram muitas as consequências sofridas por aqueles que eram considerados suspeitos de atividades comunistas e que foram submetidos às investigações do senador. Perda do emprego, impossibilidade de conseguir trabalho, desestruturação das relações de amizade e convivência, desequilíbrios psicológicos e até prisão são exemplos dessas represálias. O filme *Culpado por suspeita*, feito em 1991 pelo diretor Irvin Winkler, e o livro *Casei com um comunista*, de Philippe Roth, 1998, são exemplares ao narrar a desgraça de pessoas perseguidas na era do macarthismo, quando ser adepto ou simpatizante do comunismo equivalia a crime nos Estados Unidos.

Os setores mais atingidos pela política de "caça às bruxas" foram aqueles ligados às atividades culturais: escritores, cineastas, atores e atrizes, cientistas, alvos favoritos dos "inquisidores" por terem a coragem de manifestar mais livremente seu pensamento e serem capazes de influenciar muitas pessoas. E não faltavam delatores, pois muitos, para garantir seus empregos ou obter vantagens pessoais, não tinham escrúpulos em denunciar seus colegas. Um exemplo notório desse comportamento foi o do ator Ronald Reagan (o mesmo que, na década de 1980, chegou a presidência dos Estados Unidos) que na época era presidente do Sindicato dos Atores Cinematográficos de Hollywood e colaborou abertamente com o comitê acusando companheiros de trabalho de envolvimento com o comunismo.

Antes mesmo que McCarthy iniciasse sua empreitada, o Comitê de Atividades Antiamericanas havia protagonizado eventos de consequências trágicas. O casal Julius e Ethel Rosenberg, conceituados cientistas, foi acusado de passar segredos nucleares aos soviéticos e mesmo diante de várias evidências de inocência, eles foram condenados à morte, sendo executados em 1953.

Outra vítima famosa foi Charles Chaplin, imortalizado no cinema por seu personagem "Carlitos" e pelos inúmeros filmes que dirigiu, que teve inclusive dificuldades para viajar para o seu país natal (a Inglaterra). Durante a viagem, Chaplin recebeu o comunicado de que não poderia regressar aos Estados Unidos, sob ameaça de depor perante o comitê. Optou, portanto, por se autoexilar na Europa e só quando a "caça às bruxas" findou pôde regressar aos Estados Unidos.

Mas não foram apenas os diretamente perseguidos que sofreram as consequências dessa política. A própria sociedade viu, por essa época, diminuir o número de cabeças pensantes, ideias novas, propostas alternativas e questionamentos fundamentais para o desenvolvimento da cidadania.

Após denunciar centenas de intelectuais e artistas, o poderoso senador McCarthy enveredou por outros caminhos, mais tortuosos e perigosos, ou seja, a perseguição de supostos comunistas no Congresso e nas Forças Armadas. Até o general Marshall (o autor do Plano Marshall) foi alvo de seus ataques. A partir daí, ele perdeu sua credibilidade, e, consequentemente, suas funções no comitê. O comitê ainda funcionou por bom tempo, se bem que tenha seu nome trocado para Comitê de Segurança Interna do Congresso, em 1969. Sua dissolução formal se deu em 1975. Entretanto, os males provocados por essa histeria permaneceram e ainda se encontram, de alguma forma, na mentalidade da sociedade norte-americana atual. Pode-se perceber traços dessa permanência na produção cinematográfica, que ainda tem produzido em larga escala filmes cujo tema é a ameaça constante de invasão do território norte-americano por inimigos poderosos e desconhecidos. O filme *Independence Day* talvez seja um dos melhores exemplos dessa mentalidade, na medida em que apresenta todos os elementos mais recorrentes do mito do herói norte-americano, personificado por seu próprio presidente.

MAIS HISTERIA: a Revolução Cubana

A paranoia norte-americana com relação ao comunismo atingiu um ponto de máxima efervescência quando, no continente americano, um país optou por seguir o modelo comunista, em 1959. Trata-se de Cuba, um país localizado em uma ilha do Caribe e com o qual os norte-americanos tinham tido até então uma estreita relação desde o final do século XIX.

Cuba foi a última colônia a se libertar da metrópole espanhola, em 1898, após a guerra dos Estados Unidos contra a Espanha. Conflito este em que a Espanha, derrotada, cedeu ao país vitorioso os territórios de Cuba, Porto Rico e as Filipinas.

Nesse sentido, a "independência" cubana foi meramente formal, visto que a ilha tornou-se um apêndice dos Estados Unidos. O governo norte-americano impôs uma emenda a Constituição Cubana, que lhe garantia o direito de intervenção quando considerasse necessário. Essa emenda ficou conhecida como Emenda Platt.

O governo cubano passou a ser exercido por ditadores corruptos da confiança norte-americana, transformando aquele país em local de investimentos seguros para o capital norte-americano, sobretudo no setor açucareiro e turístico (cassinos e hotéis de luxo foram abertos por empresários norte-americanos, alguns dos quais exploravam também a prostituição).

Nos anos de 1950, os desmandos do ditador cubano, Fulgêncio Batista (1933-1959), se agravaram profundamente enquanto a população permanecia vivendo em condições precárias (altas taxas de analfabetismo, desemprego, falta de saneamento básico, entre outras). Contra ele teve inicio um movimento rebelde, de caráter nacionalista, liderado, entre outros, por um advogado até então desconhecido chamado Fidel Castro. Os rebeldes, após muita luta, assumiram o poder em 1959.

A partir daí as relações de Cuba com os Estados Unidos começaram a se deteriorar, uma vez que, dentro do propósito nacionalista de que estavam imbuídos os guerrilheiros que chegaram ao poder, fatalmente o novo governo limitaria, como de fato o fez, a atuação dos empresários norte-americanos na ilha. O governo norte-americano respondeu às deliberações cubanas com embargos e boicotes, caracterizando o rompimento diplomático. Fidel Castro e seus companheiros logo perceberam que passaram a ser considerados uma ameaça para os Estados Unidos e poderiam ter o seu território invadido a qualquer momento. Para evitar a invasão e o domínio norte-americano, o governo cubano iniciou o estreitamento de suas relações com a URSS, único país que os Estados Unidos temiam. Aliar-se aos soviéticos tornava-se a única opção dos cubanos, até mesmo para sua sobrevivência. Acreditavam que, com essa aliança, a ilha não seria invadida, pois as "regras" do jogo da Guerra Fria eram claras: uma potência temia invadir territórios ligados ao outro bloco, já que isso poderia desencadear um conflito mundial.

Foi assim que o movimento revolucionário, de nacionalista passou a ser socialista. E Cuba tornou-se a primeira nação latino-americana a ingressar no bloco socialista, deixando o governo norte-americano cada vez mais alarmado, pois naquele momento tal aproximação possibilitaria à URSS ter uma base de ação militar bem perto do território norte-americano.

A situação se agravou quando os aviões de espionagem norte-americanos fotografaram regiões de Cuba onde estavam sendo montadas rampas para lançamento de mísseis soviéticos (1962). O então presidente John Kennedy adotou uma postura extremamente perigosa para a paz mundial, determinando que navios norte-americanos

Fidel Castro, líder da Revolução, discursa ao povo cubano. Em resposta aos embargos e boicotes da parte dos Estados Unidos, Cuba se aproximaria da União Soviética, passando a representar um foco de tensão da Guerra Fria em pleno continente americano.

impedissem a chegada de embarcações soviéticas em Cuba. Solicitou ao primeiro-ministro soviético Nikita Kruschev a retirada dos mísseis, sob pena de invasão da ilha. Tais medidas foram arriscadas: o governo norte-americano pressupunha que os soviéticos concordariam com o exigido, mas, se estivesse errado, teria que cumprir a ameaça de invasão e isso poderia desencadear a Terceira Guerra Mundial.

Tendo anunciado anteriormente a necessidade de uma "coexistência pacifica" entre as duas superpotências, o primeiro-ministro Kruschev firmou com o presidente Kennedy a retirada dos mísseis, diante da promessa norte-americana de não invadir Cuba. Encerrava-se um dos mais expressivos episódios da Guerra Fria. Com o fim da "crise dos mísseis", o conflito entrou em uma nova fase, que caracterizou as décadas de 1960 e 1970: a fase da Coexistência Pacifica e da *Détente*.

As duas superpotências compreenderam, naquela crise de Cuba, que a continuidade do enfrentamento poderia culminar em um conflito de dimensões globais, o que não convinha a ninguém. Naquele contexto, o arsenal em conjunto já era suficiente para destruir o planeta várias vezes. Diante disso, foram tomadas atitudes mais moderadas. Tentativas de aproximação entre as duas superpotências foram empreendidas. Instalou-se o famoso "telefone vermelho", estabelecendo um contato direto entre os dirigentes norte-americanos e soviéticos. Cogitou-se até a possibilidade de um trabalho conjunto na corrida espacial.

Mas é evidente que a Guerra Fria não se encerraria de forma tão simplista. Afinal, as duas potências tinham projetos de hegemonia e a luta poderia, como de fato ocorreu, mudar de espaço e de cenário, mas não seria tão fácil terminá-la. E a grande vítima da Guerra Fria, nas décadas de 1960 e 1970, foi o Terceiro Mundo.

A Coexistência pacífica e a *Détente*

E o que vem a ser *Détente?* O termo francês significa "distensão" e foi empregado na década de 1970 para designar o "novo clima" das relações entre norte-americanos e soviéticos. Essa distensão foi precedida pela ideia de "coexistência pacífica", formulada pelos dirigentes soviéticos, como se verá a seguir.

Embora muitos estudiosos do tema afirmem que a Guerra Fria terminara ainda na década de 1950 (final do conflito ocorrido na Coreia), ou após a "crise dos mísseis", a disputa entre as duas superpotências por áreas de influência continuou presente nas relações internacionais, ainda que sob roupagens novas. Isso se refere especialmente às tentativas de redução do clima de belicosidade que caracterizou as relações entre Estados Unidos e URSS no final da década de 1950.

Após a morte de Stalin, em 1953, Nikita Kruschev assumiu o poder. No XX Congresso do Partido Comunista da URSS, Kruschev propôs a tese de que o conflito entre os blocos capitalista e socialista não deveria ser ocorrido no campo militar e sim no econômico-social, pois a alternativa à "coexistência pacífica" seria a guerra, altamente destrutiva, travada com mísseis e bombas de hidrogênio. A "crise dos mísseis" em Cuba foi fundamental para influenciar a decisão dos líderes das grandes potências quanto à política de coexistência pacífica. Este seria o único caminho a ser trilhado a partir daquele momento. A não ser que se quisesse de fato a guerra.

Paradoxalmente, tanto nos Estados Unidos quanto na URSS os investimentos militares até aumentaram, ao mesmo tempo em que se investia pesadamente na "corrida espacial" (a disputa das duas potências pela conquista do espaço sideral) o que, acreditava-se, serviria de propaganda sobre o potencial tecnológico de cada país.

Na década de 1960, enquanto alguns episódios graves ocorriam no Terceiro Mundo (tais como guerras de independência no sudeste asiático e na África portuguesa, nas quais as duas potencias se envolveram), privilegiou-se o envio de naves e satélites ao espaço, culminando com a chegada dos norte-americanos a Lua, no ano de 1969. Já nos anos 1970, quando o termo *Détente* entrou em voga, os enfrentamentos diretos entre as duas superpotências foram substituídos por conflitos nos países do Terceiro Mundo, onde grupos rivais recebiam o apoio militar e financeiro de uma ou de outra.

Nikita Kruschev, líder soviético, e John Kennedy, presidente dos Estados Unidos: a "coexistência pacífica" entre os blocos socialista e capitalista, na charge de Augusto Bandeira. As superpotências pregavam a paz, mas aumentavam seus investimentos em armamentos.

A GUERRA FRIA e a corrida especial

Um novo e complexo elemento uniu-se às peças do jogo de xadrez da Guerra Fria. Os soviéticos superaram os norte-americanos quando, em 1957, enviaram ao espaço o primeiro satélite artificial, o Sputnik. Ate aquele momento os norte-americanos acreditavam piamente na sua superioridade tecnológica, e o lançamento do Sputnik explicitou seu engano.

Pouco depois, os norte-americanos tiveram de amargar mais um "desastre" com o lançamento do primeiro satélite soviético com a presença da cadelinha Laika a bordo. Ela foi o primeiro ser vivo a ir ao espaço, prenunciando o envio de seres humanos. Tal fato ocorreu em 12 de abril de 1961, quando Yuri Gagarin foi colocado na órbita terrestre a bordo da Vostok I.

Em contrapartida, no ano de 1958, os EUA criaram a NASA (*National Aeronautics & Space Administration*), para desenvolver o programa espacial do país. Logo no primeiro ano de atividades, a NASA lançou o primeiro satélite artificial norte-americano, o Explorer I. Mas os norte-americanos conseguiram repetir a experiência soviética apenas em 20 de fevereiro de 1962, quando o astronauta John Glenn permaneceu na órbita terrestre por quase cinco horas.

A partir daí sucederam-se viagens, de ambas as potências, com alguns lances espetaculares e que contribuíam para aumentar a propaganda sobre a superioridade do desenvolvimento tecnológico de cada uma delas. Do lado soviético, deve-se destacar a viagem de Valentina Tereshkova (a primeira mulher a ir ao espaço, em 1963); o primeiro voo de três tripulantes, na nave Voshkod I, em 1964; o primeiro passeio fora da nave espacial realizado por Leonov, em 1965. Já os americanos desenvolveram o Projeto Gemini, empreendendo mais de uma dezena de viagens entre os anos de 1965 e 1966, com voos mais prolongados, realização de experimentos científicos, passeio no espaço e acoplamento entre naves. Em seguida, desenvolveram o Projeto Apollo, cujo objetivo seria o desembarque de astronautas na Lua.

O astronauta norte-americano Edwin Aldrin caminha na superfície da Lua. Os Estados Unidos, que haviam partido em desvantagem na corrida espacial, retomam a dianteira com o Projeto Apollo. O conflito entre URSS e EUA promoveria, em contrapartida, um extraordinário desenvolvimento científico e tecnológico.

Finalmente, em julho de 1969, astronautas norte-americanos pisaram em solo lunar, fixando lá a bandeira dos Estados Unidos. Com essa conquista, eles retomaram a dianteira na corrida espacial, o que foi amplamente utilizado pela propaganda antissoviética. Essa mesma tensão gerada peio conflito entre EUA e URSS promoveu um desenvolvimento científico e tecnológico jamais imaginado. A importância dos investimentos destinados ao setor técnico-científico já havia sido demonstrada, sobretudo na Segunda Guerra Mundial quando, entre outros, a bomba atômica definiu o final do conflito no Pacífico e colocou os EUA à frente na luta pelo poder hegemônico no cenário internacional. Entretanto, não só a indústria bélica foi beneficiada. O computador, a Internet, os relógios digitais, as imagens via satélite que cotidianamente transmitem os acontecimentos em tempo real e até a viagem do homem à Lua são, de certa forma, produtos da Guerra Fria. Sem a ameaça do bloco adversário, o desenvolvimento de satélites e foguetes se daria em um ritmo muito mais lento.

O desenvolvimento de satélites de transmissão, por exemplo, resulta dos esforços da NASA na corrida pela obtenção de informações privilegiadas do inimigo soviético, O primeiro satélite de comunicações do mundo, o Echo I, orbitou em torno da Terra, em 1960, repassando sinais entre duas estações de rádio no solo. Lançado em 16 de agosto, ele tinha capacidade para transmitir doze ligações telefônicas simultâneas ou um canal de tevê. Dois anos depois, a empresa AT&T lançava o Telstar, um satélite de comunicações que podia ampliar o sinal que recebia. E em 1964, os jogos Olímpicos de Tóquio entraram para a história como os primeiros a serem transmitidos para o mundo via-satélite.

Já o satélite Corona, lançado pelos norte-americanos também em 1960, tinha o objetivo de tirar fotos do território soviético a 160 mil metros de altura. Na época, ele foi rebatizado com o nome de Discoverer 14 e divulgou-se que se tratava de um aparelho científico para tentar acobertar seus verdadeiros objetivos. As futuras gerações do satélite Corona lançavam cápsulas com filmes no ar, temendo uma possível captura do equipamento pelos soviéticos. O surgimento da tecnologia digital permitiu o envio imediato das imagens à Terra. Os satélites atuais utilizados na agricultura, meteorologia e em diversas outras áreas devem muito a Guerra Fria que, investindo na espionagem, foi a maior incentivadora das tecnologias de sensoriamento remoto.

A revolução eletrônica, que ocorreu na segunda metade do século XX, se beneficiou dessas tensas relações entre EUA e URSS. Em 1948, as enormes válvulas utilizadas nos computadores foram substituídas pelos transistores. Com a crescente complexidade dos circuitos e a miniaturização cada vez maior dos equipamentos, tornava-se cada vez mais difícil fazer a conexão entre os transistores. A solução veio por intermédio dos milhões de dólares injetados pelo Departamento de Defesa americano em empresas de eletrônica que se dedicavam ao aperfeiçoamento dos sistemas que guiavam armas como mísseis e torpedos.

Entre as décadas de 1970 e 1980, foi criado o Sistema de Posicionamento Global (GPS, em inglês) com o objetivo de orientar mísseis e guiar tropas por lugares ermos. Seu custo total foi de dez bilhões de dólares e é formado por uma constelação de 24 satélites. Comparando dados enviados pelos satélites e por bases terrestres, o aparelho fornece a latitude, longitude e altitude do usuário. Hoje, equipa embarcações, aviões e até carros de luxo visando orientar o trajeto do usuário instantaneamente.

Outros tantos produtos, resultantes exclusivamente da corrida espacial, fazem parte do nosso dia a dia. Os aparelhos automáticos para medir pressão arterial, que são encontrados nas portas das farmácias, procedem da evolução de equipamentos desenvolvidos para astronautas, que precisavam de sistemas práticos para avaliar a saúde deles no espaço. A válvula dos novos tipos de coração artificial foi inspirada em uma bomba de combustível de foguetes. Marca-passos são monitorados através da mesma tecnologia utilizada em satélites. Detectores de fumaça e de vazamento de gás, tão comuns nos edifícios atuais, resultam de pesquisas de similares que equipam veículos espaciais. Os ortodontistas contam hoje com o Nitinol, uma liga que, por ser maleável e resistente, é utilizada na fabricação de satélites e que agora também é material-prima dos aparelhos ortodônticos. E até a asa-delta, desenvolvida por Francis Rogallo, projetista da NASA, para guiar espaçonaves depois de sua reentrada na atmosfera terrestre, figura nesse rol.

Na época, não faltaram críticas às grandes somas gastas na corrida espacial, alegando que elas poderiam ser melhor empregadas, diretamente em pesquisas mais úteis para a humanidade. No entanto, hoje, muitos defendem que essas críticas não tinham fundamento, na medida em que, até de forma paradoxal, a corrida espacial acabou por contribuir para o bem-estar de significativa parcela da humanidade.

DE VOLTA À TERRA: um muro divide Berlim

Enquanto naves e foguetes subiam ao espaço, a "coexistência pacífica" continuava a fazer vítimas em todos os continentes. A década de 1960 teve início com um episódio da maior gravidade: a construção do muro que passou a dividir a cidade de Berlim em dois setores, ocidental e oriental.

O bloqueio promovido pelos soviéticos entre 1948 e 1949 fracassou e as fugas de alemães orientais para o lado oeste aumentavam. Na noite de 13 de agosto de 1961, os soviéticos isolaram o lado leste de Berlim com arame farpado e iniciaram a construção do muro que dividiu totalmente a cidade. Por cerca de trinta anos esse muro simbolizou a Guerra Fria. Era a materialização do conceito de "Cortina de Ferro".

Depois de finalizado, o muro formou um conjunto de 107 quilômetros de alvenaria, 178 quilômetros de cercas de metal, cinco quilômetros de arame farpado, nove quilômetros de restos de fachadas de casas, 108 quilômetros de obstáculos contra carros e tanques, 265 postos de observação, 136 ninhos de metralhadora pesada, além de 271 trechos guardados por cães de ataque. Este conjunto se estendia pelos 167,5 quilômetros de fronteira de Berlim ocidental com o lado oriental da cidade e com outras partes do território alemão oriental.

Além de marcar o conflito político-ideológico entre o leste socialista e o Ocidente, o muro contribuiu para impedir a fuga crescente de mão de obra para o lado ocidental, pois era justamente naquela parte do país que estavam localizadas as maiores minas e os grandes complexos industriais do Ruhr. A maioria dos fugitivos era de jovens, trabalhadores especializados, ou seja, o tipo de mão de obra necessária para se empreender o processo de reestruturação econômica da Alemanha Oriental. Até a sua derrubada, em 1989, pelo menos 800 pessoas morreram tentando transpor o Muro de Berlim. Vários fugitivos atravessaram-no escondidos nos porta-malas de automóveis ou por túneis escavados clandestinamente. Nos seus 28 anos de existência, o Muro de Berlim tornou-se, do lado ocidental, um painel de grafites clamando pela paz. Do lado oriental, era acompanhado de uma faixa minada e guaritas.

Separadas, as duas Alemanhas buscaram caminhos diferentes para promover a sua reestruturação econômica. A Alemanha Ocidental teve uma extraordinária recuperação econômica conhecida como *Wirtschaftwunde*, e experimentou um verdadeiro milagre econômico dos anos 50/60. Já a Alemanha Oriental, ocupada pela URSS, se viu espoliada das poucas indústrias que lá restaram depois da guerra e até meados dos anos 60 priorizou-se a agricultura. Nos anos 50 o governo da Alemanha Oriental promoveu "a construção planificada do socialismo" que significava o desenvolvimento da indústria pesada em prejuízo da produção de bens de consumo. Foi promovida também a coletivização da agricultura, por intermédio da expropriação dos camponeses, e as empresas privadas foram estatizadas.

No decorrer das quatro décadas de separação, a sociedade alemã oriental sofreu inúmeras restrições. Nos anos 70, por exemplo, o governo comunista da então Alemanha Oriental tirou a força bebês das mães de seus pais, quando estes procuravam fugir em direção ao Ocidente. Essas crianças eram então entregues a casais que viviam satisfeitos e conformados com o regime comunista. Essa prática foi denunciada na segunda metade da década de 1970, mas muitas famílias não conseguiram restabelecer qualquer contato com essas crianças e o tema ainda é quase tabu entre os alemães.

O governo da Alemanha Oriental criou a polícia política chamada Stasi (sigla do extinto Ministério da Segurança Estatal) visando do controlar seus próprios cidadãos e conter o monitoramento dos EUA e seus aliados. Para mostrar seu poder e eficácia, em meados dos anos 80 o governo costumava expor objetos utilizados para espionagem confiscados pelos agentes secretos de então. Atualmente, a partir da iniciativa dos ex-combatentes do regime comunista, o Museu Stasi permite acompanhar um pouco do bizarro cotidiano do serviço secreto alemão oriental. Fotos e artigos recortados de jornais anunciavam os estreitos laços de amizade entre URSS e Alemanha Oriental e a importância do trabalho da Stasi na patrulha da fronteira entre as duas Alemanhas.

A reestruturação política no pós-guerra também seguiu caminhos distintos. A Alemanha Ocidental optou pelo regime parlamentarista e pluripartidário, alinhado aos EUA. Já a Alemanha Oriental adotou o modelo soviético de partido único – o Partido Socialista Unificado (SED) e governo altamente centralizado, subordinado à URSS.

GUERRA DO VIETNÃ: barbárie novamente

Após a revolução socialista chinesa de 1949, o Sudeste asiático passou a preocupar o governo norte-americano, visto que a "teoria do dominó" afirmava que se um país daquela região caísse em poder do socialismo, todas as outras nações cairiam em seguida. Isso legitimava, na ótica norte-americana, todo e qualquer esforço que se fizesse necessário para conter tal ameaça.

Ora, a região da Indochina, antiga colônia francesa, foi ocupada pelos japoneses durante a Segunda Guerra Mundial. Com a derrota japonesa e o retorno do domínio dos franceses, iniciou-se a luta pela independência, comandada pelo Vietmin, um grupo criado e liderado por Ho Chi Minh. Esse grupo proclamou a independência da República Democrática do Vietnã situada ao norte do paralelo 17°. Em seguida, venceu os franceses em Dien Bien Phu, uma aldeia localizada no noroeste do Vietnã perto das fronteiras de Laos e China.

A derrota francesa abriu o caminho para as independências da Tailândia, Laos, Camboja e Vietnã. No entanto, este último permaneceu dividido na altura do paralelo 17°. Na Conferência de Paz de Genebra ficou estabelecido que as duas partes se reunificariam após eleições gerais.

Tendo em vista a possibilidade de vitória do comunista Ho Chi Minh, os Estados Unidos aliaram-se ao governo vietnamita do Sul e não convocaram as eleições previstas, o que fez com que tropas do Norte invadissem o Sul, deflagrando a guerra. Num primeiro momento os norte-americanos forneceram armas e dinheiro para as tropas sulistas, mas como essa ajuda não era suficiente para vencer o conflito, o governo de Kennedy (1960-1963) passou a enviar assessores para orientar as forças armadas sul-vietnamitas.

Daí para a intervenção foi um passo. O governo de Lindon Johnson (1963-1968), sucessor de Kennedy, enviou tropas norte-americanas para aquela região.

Em 1968 havia mais de 500 mil soldados norte-americanos em solo vietnamita. Tal fato não impediu o Vietmin de desferir uma poderosa ofensiva, apoiada pelos vietcongues (guerrilheiros que residiam no sul), alcançando também a capital, Saigon.

Nesse mesmo período, nos Estados Unidos aumentaram as críticas de setores da população quanto ao envolvimento das tropas. Em boa parte, essas críticas se tornavam possíveis devido aos avanços tecnológicos que permitiram à mídia mostrar o conflito diariamente. As imagens da brutalidade dos combates, das mortes de soldados e civis levavam o horror para dentro das casas dos cidadãos norte-americanos. Jovens, mal entrados nas universidades, e nos quais os pais depositavam muitas esperanças, eram arrancados de suas casas e levados para uma região que poucos sabiam exatamente onde ficava, para lutar numa guerra que parecia nunca acabar. Voltavam drogados (o uso de drogas como haxixe e heroína tornou-se constante entre os soldados norte-americanos), mutila-

A foto que assombraria o mundo: a menina vietnamita, nua e queimada pela explosão, corre de braços abertos em busca de ajuda. O retrato mais cruel de uma guerra, vendida pelos Estados Unidos à opinião pública como a disputa do Bem contra o Mal.

dos ou dentro de um caixão. Isso tudo abalava a classe média norte-americana que começou a se manifestar a favor do fim da guerra.

Até mesmo o maniqueísmo presente na propaganda do governo norte-americano, tentando convencer seus cidadãos e o mundo de que representavam o Bem contra o Mal começou a ser questionado, em virtude de denúncias de massacres de civis vietnamitas por tropas norte-americanas.

Em 1966, por exemplo, Donald Duncan, ex-sargento do Exército americano que esteve no Vietnã, denunciou ao jornal New York Times as atrocidades cometidas pelas forças de elite dos Estados Unidos naquele país. E afirmou:

> Supostamente, o Vietcongue mantinha o povo em extremo terror, mediante assassinatos e torturas [...].
> Pouco a pouco tive de aceitar o fato de que, sendo comunista ou não, a vasta maioria do povo era pró-Vietcong [norte] e anti-Saigon [sul]. (Raymond, Jack. Veterano da Força Especial denuncia como mentira a política dos Estados Unidos no Vietnã. Paz e Terra. Rio de janeiro: Paz e Terra, set. 1966, v. I, n.2, p.213).

Milhares de pessoas organizaram passeatas pacifistas em quase todos os países do mundo. Muitos jovens se aglutinavam no movimento hippie que pregava o "make love, not war" (faça o amor, não a guerra). Centenas de rapazes norte-americanos fugiram para o Canadá com o intuito de escapar do alistamento militar.

Convencido de que era necessário retirar-se, mas não podendo fazê-lo de forma humilhante, o presidente Nixon decidiu-se pela "vietnamização" do conflito. As tropas americanas foram retiradas, ao mesmo tempo em que o exército sul-vietnamita foi fortalecido. Enquanto uma Conferência de Paz se reunia em Paris, os bombardeios sobre o Norte não cessaram, antes, foram intensificados.

No dia 23 de janeiro de 1973, na Conferência de Paz, foi assinado o tratado que formalizava a retirada norte-americana do conflito vietnamita. Mas a luta não cessou até que o Norte vencesse o Sul e unificasse o Vietnã, que se tornou socialista.

A DESCOLONIZAÇÃO da África portuguesa

Da mesma forma que em outros episódios que marcaram, nos anos de 1960, o processo de descolonização das possessões europeias no continente africano, a Guerra Fria tornou-se um elemento igualmente importante para a emancipação da África portuguesa na década de 1970. Os norte-americanos e soviéticos mais uma vez se enfrentavam, apesar da *Détente*.

A independência de Angola exemplifica esse processo. As lutas dos angolanos contra os dominadores portugueses eram antigas e ganharam força entre as décadas de 1960 e 1970. A resistência local era tão forte que o exército português, impossibilitado de vencê-la, se virou contra o próprio governo fascista de Marcelo Caetano, derrubando-o, na chamada Revolução dos Cravos (1974). A partir desse momento, as lutas pela independência das colônias portuguesas estavam muito próximas de seu êxito.

Em Angola havia três grupos guerrilheiros, formados desde os anos 1960, que representavam as grandes divisões étnicas do país, e, ao mesmo tempo, refletiam as disputas ideológicas da Guerra Fria:

- O MPLA – Movimento Popular pela Libertação de Angola, em que predominava a etnia kimbundo;
- A FNLA – Frente Nacional para a Libertação de Angola, da etnia bakongo;
- A UNITA – União Nacional pela Independência Total de Angola, da etnia ovimbundu.

O primeiro grupo era comprometido com os ideais socialistas e ligado a URSS; os outros dois defendiam claramente os interesses pró-capitalistas e eram apoiados pelos Estados Unidos e Europa ocidental. O detalhe mais interessante é que as duas superpotências não intervieram diretamente na disputa.

Talvez em função do discurso de *Détente*, Estados Unidos e URSS optaram por interferir na guerra angolana somente por meio de intermediários. Dessa forma, foram enviadas tropas cubanas para auxiliar o MPLA, enquanto a UNITA e a FNLA receberam apoio militar do governo da África do Sul.

Em 1975, o MPLA tomou Luanda, a capital, e proclamou a independência da República Popular de Angola. Assumiu o poder Agostinho Neto, cuja proposta era a de implantar um regime socialista, mas se deparou com a expressiva oposição dos outros dois grupos. Iniciou-se, então, uma guerra civil, que se prolonga até hoje, vitimando milhares de pessoas, sobretudo crianças, pois o país encontra-se repleto de minas terrestres, que provocam constantes mutilações e mortes.

Atualmente a guerra civil envolve apenas a UNITA e o MPLA, uma vez que a FNLA se dissolveu no final da década de 1970. Em setembro de 1992 ocorreram eleições democráticas em Angola. O vencedor do pleito foi José Eduardo dos Santos, uma das lideranças do MPLA. No entanto, Jonas Savimbi, líder da UNITA, não aceitou a derrota, continuando a guerra civil. Sua morte, em 2002, acena para a possibilidade do fim do conflito.

O FIM da *Détente*

O final da década de 1970 assinalou o esgotamento da *Détente*. Conforme já foi visto, percebe-se que a chamada "coexistência pacífica" representou mais uma etapa da Guerra Fria. Afirma o historiador Demétno Magnoli que o sistema da *Détente* é, ao mesmo tempo, continuidade e ruptura da situação de guerra fria. Isto é, a bipolaridade de poder permanece organizando o desenvolvimento essencial das relações internacionais, na medida em que as duas superpotências são as únicas nações capazes de destruir o mundo. E a ruptura se dá na medida em que, sob esse quadro bipolar das relações internacionais, se desenvolve uma complexa multipolaridade, representada pelo crescimento econômico e político da Europa ocidental, do Japão e da China. No novo contexto, originam-se novos arranjos e conflitos conjunturais de âmbito continental ou regional. Portanto, a *Détente* alimentava a Guerra Fria e ao mesmo tempo transformava-a.

Mesmo que vários acontecimentos ocorridos na década de 1970 tenham proporcionado a sensação de que o conflito bipolar havia se extinguido, na realidade ele continuava se manifestando de outras formas.

A emergência da China, do Japão e da Europa ocidental à condição de potências mundiais a partir dos anos 70 não significou a perda da supremacia dos Estados Unidos ou da URSS. Além disso, as duas superpotências encontravam-se praticamente equiparadas em termos de potencial nuclear.

Ate mesmo a assinatura dos Acordos de Desarmamento (SALT) não invalida a ideia que se defende neste texto, se lembrarmos que apenas o SALT-1 (Tratado de Limitação de Armas Estratégicas) foi realmente acordado, em 1972. O SALT-2, que previa tetos máximos para a instalação de armas estratégicas ofensivas, não foi ratificado pelo Congresso norte-americano, em represália à invasão soviética no Afeganistão.

Essa invasão, ocorrida em 1979, estava de acordo com as ideias de Brejnev, segundo as quais a URSS deveria invadir qualquer local onde o modelo ou a influência soviética estivesse ameaçada. Assim, tropas soviéticas entraram no Afeganistão para tentar manter no poder os grupos de que eram aliadas. A invasão resultou no "Vietnã soviético", ou seja, centenas de milhares de soldados foram enviados para o Afeganistão, envolvendo-se em uma guerra de guerrilhas que parecia não ter mais fim e afetando duramente a já combalida economia soviética.

Por outro lado, o governo de Jimmy Carter, nos Estados Unidos (1976-1980), revelava-se, do ponto de vista da política externa, um desastre total. Carter elaborou a "Doutrina dos Direitos Humanos", definindo que os Estados Unidos somente continuariam apoiando financeiramente os governos que respeitassem tais direitos. Paradoxalmente, os países mais apoiados naquele período foram justamente as piores ditaduras do mundo. Mas eram ditaduras confiáveis do ponto de vista norte-americano, pois não admitiam a presença de organizações comunistas em seus territórios.

O intelectual norte-americano Noam Chomsky revela que dos dez países maiores "clientes" dos Estados Unidos nessa época, em nove ocorriam aumento no uso da tortura e esquadrões da morte contra inimigos políticos do regime vigente. Significativamente, esses nove países eram considerados os de "melhor clima para investimentos", recebendo substanciais ajudas em dólares e em armas.

Além do mais, também em 1979, os Estados Unidos perderam um aliado fiel na região do Oriente Próximo: o Irã, ate então governado pelo xá Reza Pahlevi, deposto por meio de um amplo movimento político-religioso liderado pelo aiatolá Khomeini. Os iranianos capturaram funcionários da embaixada norte-americana, transformando-os em reféns por mais de um ano. O seu resgate pelos fuzileiros navais dos EUA constituiu-se em fracasso, aumentando ainda mais a tensão.

Com a sua política externa demonstrando desgaste, a única coisa que o governo norte-americano pôde fazer frente a essa conjuntura desfavorável foi proibir a participação, em 1980, da delegação dos Estados Unidos nas Olimpíadas de Moscou. O boicote era uma tentativa tímida e ineficaz de protesto contra a invasão soviética no Afeganistão.

Carter não conseguiu se reeleger em 1980, sendo derrotado pelo candidato republicano Ronald Reagan, que apresentou um discurso ultraconservador em sua campanha, enfatizando a necessidade de os Estados Unidos demonstrarem seu poderio ao mundo e, particularmente, aos soviéticos, descritos por ele como o "Império do Mal". O orgulho nacional ferido contribuiu, portanto, para sua vitória.

A eleição de Reagan jogou a pá de cal que faltava para enterrar a *Détente* e representou uma nova fase na Guerra Fria. Como na primeira fase, essa etapa foi caracterizada pela truculência dos discursos e pela ameaça de enfrentamento. Pode-se dizer que o ator da década de 1950, tornado presidente na década de 1980, ainda guardava dentro de si o mesmo espírito de "combatente do Bem", ou seja, ele passou a resgatar o discurso inicial da era Truman. A Guerra Fria, com Reagan, iria ser reavivada.

A "nova" Guerra Fria – anos 80

Ronald Reagan tivera papel emblemático na primeira fase da Guerra Fria, nos anos 1950. Naquele momento, os soviéticos haviam conseguido explodir a sua primeira bomba atômica, assustando ainda mais seus adversários e causando um clima de pânico que tomou conta dos EUA. Em resposta ao avanço soviético, o governo norte-americano implantou uma política de "contenção" da ameaça comunista e para isso promoveu a perseguição de milhares de pessoas, que foram denunciadas como suspeitas de se envolverem em atividades comunistas no país. Reagan, na ocasião ator de cinema, colaborou (assim como outros) com o FBI e o Comitê de Atividades Antiamericanas, delatando vários colegas e participando de "campanhas patrióticas".

Na carreira política, Ronald Reagan foi governador da Califórnia, e, em 1980, tornou-se candidato do Partido Republicano às eleições presidenciais, vencendo o então candidato a reeleição, o presidente Jimmy Carter, com ampla maioria. Sua política externa foi, então, caracterizada por uma série de ataques verbais aos soviéticos, demonstrando o interesse norte-americano de intervir em todos os locais do mundo para conter as ações do "Império do Mal".

Visando reforçar a presença de tropas norte-americanas em locais diversos, o governo Reagan ampliou significativamente as verbas destinadas ao Pentágono. Enviou ao Congresso o projeto que ficou conhecido como "Guerra nas Estrelas", que consistia na colocação em órbita de dezenas de satélites equipados com canhões de raio laser, que poderiam destruir, no espaço, qualquer míssil lançado da Terra. Caso fosse aprovado, a execução desse projeto implicaria em gastos ainda mais elevados. Apoiou os rebeldes afegãos na luta contra a URSS. No Afeganistão invadido pela URSS, várias tribos e grupos ofereciam resistência aos soviéticos, entre eles o hoje muito conhecido Talibã, que assumiu o poder quando, finalmente, os soviéticos se retiraram daquele país.

Ao mesmo tempo, Reagan ameaçou o governo sandinista da Nicarágua, como veremos a seguir.

Importa observar que esse "resgate" da Guerra Fria promovido na Era Reagan, apesar das semelhanças com os anos 1950, guardou, evidentemente, algumas diferenças. Afinal, o mundo na década de 1980 era outro. Nessas três décadas, importantes modificações políticas e econômicas ocorreram, provocando substanciais alterações na composição das alianças internacionais. O Japão e a Europa ocidental, por exemplo, ainda que aliados fiéis, cresceram tanto economicamente que reivindicavam seu espaço, o que implicava em discordar das atitudes norte-americanas em alguns momentos.

Internamente, as sociedades norte-americana e soviética haviam se transformado bastante.

Nos Estados Unidos, o poderio econômico (ampliado, entre outras coisas, graças às suas intervenções internacionais) engendrava o surgimento de novos continentes de pessoas bem-sucedidas. Os hippies já haviam desaparecido e sua ideologia estava fora de moda. No entanto, o trauma do Vietnã ainda se fazia presente, com uma evidente recusa de novas intervenções militares. No início dos anos 80, preocupados com o tom agressivo do presidente Reagan, milhares de pacifistas realizaram marchas de protesto, o que se verificou também em vários países europeus. O Partido Verde, na Alemanha, começou a crescer nas eleições, pois entre suas ações estava o questionamento da permanência de mísseis americanos em solo alemão.

Já na URSS, a crise econômica começava a se tornar aguda, e a população passava a sentir com maior intensidade o problema do desabastecimento. Essa questão, que havia sido minorada algumas décadas após a Revolução de 1917, voltava a se agravar devido aos enormes gastos em armamentos, o que impedia que a agricultura e a indústria de bens de consumo se modernizassem e garantissem o abastecimento de todos.

Na própria América Latina, as ditaduras militares que haviam proliferado nas décadas de 1960 e 1970, com total apoio norte-americano, começavam a ser substituídas por governos democráticos em virtude de pressões internas e dos fracassos econômicos, especialmente a partir de 1973, quando o mundo capitalista entrou em uma nova etapa de crise.

Será que neste novo mundo o resgate da Guerra Fria proposto por Reagan teria condições de se firmar? Examinemos os principais acontecimentos do período.

GUERRA NAS ESTRELAS: a ficção se tornaria realidade?

Na trilogia cinematográfica, criada pelo diretor George Lucas, conhecida com o nome de *Guerra nas Estrelas*, em um cenário futurista, tropas intergalácticas viviam em permanente luta. No fundo, toda ideologia do filme se resumia ao velho e maniqueísta combate entre o Bem e o Mal, com este último acabando derrotado.

A ficção ameaçou tornar-se realidade no governo Reagan. O projeto que ficou conhecido como "Guerra nas Estrelas" de fato chamava-se "Iniciativa de Defesa Estratégica" e atingia as raias do delírio. Dezenas de cientistas, em todo o mundo, mostraram a sua inviabilidade. Os custos eram ainda mais delirantes, já que passariam da casa do trilhão de dólares.

A chave da tecnologia da IDE consiste no uso de armas de energia dirigida: feixes de partículas atômicas ou raios laser, que têm velocidade superior à dos mísseis convencionais (de dezenas de quilômetros por segundo até a velocidade da luz, 300.000 km/s, contra apenas alguns quilômetros por segundo dos mísseis). Segundo os defensores do projeto, seria essa a única forma de neutralizar um ataque nuclear nos cinco primeiros e cruciais minutos a partir do seu lançamento: os sistemas antibalísticos então vigentes se baseavam em foguetes capazes de destruir as ogivas atacantes nos dois últimos minutos de sua trajetória, quando os projéteis reingressam na atmosfera.
Já os satélites militares em órbita poderiam detectar o disparo de mísseis intercontinentais e acionar o sistema ainda durante a sua rota. [...]
Mas não se pode considerar o IDE uma proteção infalível, porque restam os mísseis lançáveis de submarinos, os mísseis Cruise e os super-

bombardeiros, que, em conjunto, são capazes de reduzir a garantia de invulnerabilidade para 50%. (Guerra na paz. *Os conflitos desde 1945*. Rio de Janeiro: Rio Gráfica, [s.d.], pp. 1168-9)

Pode-se perceber uma lógica realmente maligna em tudo isso. Ao colocar a URSS diante da realidade da "Guerra nas Estrelas", o governo Reagan deixava os soviéticos com apenas duas opções: construir um sistema de defesa similar (o que, vivendo um período de estagnação econômica não tinham como fazê-lo na época), ou lançar todos os seus mísseis em território norte-americano antes que o projeto fosse iniciado.

Se os soviéticos encarnassem realmente o papel de "Império do Mal" descrito por Reagan provavelmente teriam escolhido a segunda opção, o que determinaria o fim do planeta. No entanto, Mikhail Gorbachev, em 1985, assumiu o poder na URSS, defendendo ideias completamente diferentes a respeito do conflito com os Estados Unidos.

A NICARÁGUA: uma ameaça para os EUA?

A Nicarágua, situada na America Central e muito próxima ao território norte-americano, apresenta um histórico de diversas invasões iniciadas no século XIX, quando os Estados Unidos implementaram sua política imperialista que os levou a condição de grande potencia mundial no século XX.

Em 1928, um latifundiário, Augusto César Sandino, aproveitando-se da redução dos efetivos militares norte-americanos em seu país, liderou um movimento guerrilheiro cujo objetivo era derrubar o governo nicaraguense. Os EUA retornaram com suas tropas para socorrer o governo local, mas foram derrotados pelos guerrilheiros de Sandino e obrigados a retroceder. Diante da derrota, o presidente Roosevelt firmou um acordo com os revolucionários sandinos que estabelecia a retirada do exercito norte-americano; a promoção de eleições para a escolha de um presidente constitucional e a formação de uma Guarda Nacional, cujo comandante, indicado pelos EUA, seria Anastácio Somoza. Pelo acordo, a Guarda Nacional não poderia combater a guerrilha. Em 1934, entretanto, Somoza ordenou o assassinato de Sandino e do próprio presidente eleito Sacasa, assumindo o poder no país.

A família Somoza se apropriou dos principais setores econômicos do país e permaneceu por décadas no poder por intermédio de mandatos e eleições manipuladas. Anastácio Somoza foi assassinado, mas seu filho, Luiz, assumiu o poder e governou a Nicarágua até 1967, quando Somoza III foi "eleito" por meio de eleições fraudadas. Em 1962, o intelectual Carlos Fonseca fundou um movimento guerrilheiro conhecido como a Frente Sandinista de libertação Nacional, com o objetivo de combater a tirania Somoza.

A adesão de setores mais conservadores no combate à família Somoza ocorreu em 1972, quando a cidade de Manágua foi devastada por um terremoto que deixou um saldo de seis mil mortos e 300 mil feridos. Somoza se beneficiou da catástrofe interditando o centro da capital e obrigando a todos, inclusive setores empresariais nicaraguenses, a comprar lotes de terras pertencentes ao clã Somoza na periferia de Manágua por preços superfaturados. Além disso, Somoza se apropriou pessoalmente de toda a ajuda financeira americana enviada para a reconstrução do país. Desde então, até os sócios minoritários da quadrilha palaciana passaram a apoiar o movimento sandinista. Por fim, em 1978, o assassinato de Pedro Chamorro, diretor do principal jornal liberal do país, *La Prensa*, marcou a ruptura da burguesia nicaraguense com o governo Somoza, extremamente corrupto.

A Guarda Nacional, criada e apoiada pelos EUA, era o principal suporte da ditadura Somoza, e foi responsável pelo assassinato de cinquenta mil pessoas, sendo que a maioria de suas vítimas era de crianças e jovens entre oito e vinte anos de idade. Os principais adversários da Guarda Nacional eram as milícias populares urbanas, como os Comitês de Defesa Sandinistas (CDS).

Em 1979, após um ano de lutas, os sandinistas, vitoriosos, ocuparam o poder e nomearam uma Junta Revolucionária, de tendência esquerdista, para governar o país. No campo econômico, medidas radicais foram tomadas, entre elas a nacionalização de empresas, o que desagradou profundamente aos Estados Unidos e a setores da burguesia nicaraguense. As represálias ao novo regime não demoraram e até mesmo a ameaça de invasão tornou-se uma possibilidade. Os EUA passaram a apoiar o movimento guerrilheiro antissandinista conhecido como os "contras". Em contrapartida, houve uma maior radicalização do regime sandinista e uma aproximação com o bloco soviético.

O ano de 1982 foi marcado pela assinatura do pacto de ajuda entre a URSS e o governo sandinista nicaraguense. Além disso, teve início uma nova guerra civil entre o governo sandinista e os "contras".

Nos países limítrofes a Nicarágua, os opositores começaram a treinar tropas e preparar a invasão, devidamente apoiada pelo governo Reagan. Uma nebulosa operação passou a ser realizada, mas foi descoberta pouco tempo depois. Funcionários do governo norte-americano, a CIA e alguns empresários, por meio de uma empresa ilegal, vendiam armas ao seu arqui-inimigo, o Irã. O dinheiro obtido com estas vendas era depositado em contas secretas em "paraísos fiscais" (países em que o sistema bancário permite depósitos sem identificação clara dos depositantes) e repassado aos "contras".

Pelo seu caráter ilegal a operação "Irã-contras" foi denunciada pela imprensa norte-americana e alvo de uma Comissão de Inquérito. Dois graduados oficiais militares, que assumiram a responsabilidade para isentar o presidente Reagan, foram condenados.

A repercussão negativa dessa operação fez com que Reagan não invadisse a Nicarágua. Porem, a ilha de Granada, no Caribe, foi ocupada pelas tropas norte-americanas sob a alegação de que estava "ameaçada pelo comunismo" (havia alguns engenheiros cubanos construindo um aeroporto na ilha!) numa clara demonstração de intimidação aos nicaraguenses.

Nas eleições nicaraguenses de 1984, venceu o candidato sandinista, Daniel Ortega Saavedra, contrariando os interesses dos EUA. Mas o embargo econômico imposto pelos norte-americanos continuou e trouxe enormes prejuízos à Nicarágua.

Em 1990 foram realizadas eleições sob a supervisão da ONU. Venceu uma coalizão antissandinista apoiada pelos Estados Unidos, sendo eleita presidente Violeta Barrios de Chamorro.

A ASCENSÃO DE GORBACHEV: a Guerra Fria com os dias contados

Ronald Reagan e Gorbachev dão as mãos e, em 1985, anunciam o fim da Guerra Fria. O líder soviético propõe aos norte-americanos uma política mútua de desarmamento, com a retirada dos mísseis no território europeu e o fim do Pacto de Varsóvia e da OTAN.

Em 1985, Mikhail Gorbachev assumiu o poder na URSS. O momento era particularmente complexo, uma vez que a economia soviética estava praticamente estagnada devido, entre outros fatores, aos altos investimentos militares, que inviabilizavam o crescimento da indústria e da agricultura. Além disso, as pressões norte-americanas deixavam os militares soviéticos tensos e conscientes da necessidade de desenvolver um projeto semelhante ao "Guerra nas Estrelas" para reequilibrar as forças.

No entanto, percebendo que a crítica situação da economia estava prestes a explodir em um amplo movimento de protestos internos, parte da cúpula do Partido Comunista passou a apostar em um projeto de reformas econômicas que o novo Secretário apresentou. Tal projeto ficou conhecido como *Perestroika* (reestruturação) e seria implantado juntamente com uma proposta de abertura política (*Glasnost*).

Com relação à política externa, Gorbachev propôs aos norte-americanos uma possibilidade concreta de desarmamento, com a retirada dos mísseis do território europeu, bem como o desmantelamento do Pacto de Varsóvia e da OTAN. Enfim, um acordo para a paz.

Essas ideias estão claramente expressas em seu livro *Perestroika: novas ideias para o meu país e o mundo*, que foi traduzido e publicado em inúmeros países do mundo.

Quando fui entrevistado pela revista *Time*, em agosto de 1985, falei: "Nossos países simplesmente não podem permitir que as coisas cheguem ao confronto. Tanto o povo soviético quanto o americano tem um real interesse nesse sentido. E isso deve ser expresso no idioma da política prática. É preciso pôr fim a corrida armamentista, iniciar o desarmamento, normalizar as relações URSS-EUA. Francamente, é hora de construir boas relações entre esses dois grandes povos merecedores de seu valor histórico. O destino do mundo e da civilização mundial realmente depende de nossas relações".

Mais adiante, Gorbachev estabelece os princípios fundamentais de seu projeto:

a) Renúncia dos poderes nucleares da guerra convencional e nuclear entre Si mesmos ou contra terceiros;

b) Prevenção da corrida armamentista no espaço cósmico, cessação de todos os testes com armas nucleares e a total destruição das mesmas, proibição e destruição das armas químicas e renúncia ao desenvolvimento de outros meios de aniquilação em massa;

c) Uma redução rigorosamente controlada dos níveis da capacidade militar dos países aos limites de suficiência razoável;

d) Dispersão das alianças militares e, como uma etapa que conduza a isto, a renúncia de sua ampliação e da formação de novas;

e) Redução equilibrada e proporcional dos orçamentos militares. (Gorbachev, Mikhail. *Perestroika: novas ideias para o meu país e o mundo.* 14. ed. São Paulo: Best Seller, [s.d.] , pp. 250 e 272)

Na sequência da implantação das reformas econômicas e políticas na URSS, destaca-se que os países do Leste europeu, tradicionais satélites soviéticos, puderam, finalmente, decidir sobre seus próprios destinos. A URSS não iria mais interferir em seus assuntos internos. Verificou-se, portanto, o desmantelamento dos Partidos Comunistas naqueles países. Pacifica ou violentamente, os governos comunistas foram sendo derrubados, entre des os da Polônia, Tchecoslováquia, Romênia, Bulgária e Hungria.

Finalmente, em novembro de 1989, o símbolo da Guerra Fria – O Muro de Berlim – foi derrubado pela própria população da parte ocidental da cidade sem que houvesse qualquer resistência por parte dos soldados da Alemanha Oriental, abrindo caminho para a unificação das duas Alemanhas. A queda do muro tornou-se, assim, o emblemático símbolo do final da Guerra Fria.

Os alemães comemoram as reformas econômicas e políticas e sobem no Muro de Berlim, que até então dividia a Alemanha entre dois mundos, o socialista e o capitalista. O símbolo máximo da Guerra Fria viria ao chão logo em seguida, derrubado pela própria população.

Com o colapso da URSS, em 1989, a dissolução do Pacto de Varsóvia foi inevitável e deu-se em junho de 1990, numa reunião dos representantes de seus países membros realizada em Moscou. Uma nova ordem mundial começaria a ser gestada a partir daí.

Outro efeito da política iniciada por Gorbachev foi a crítica aos antigos aliados, como Cuba e Coreia do Norte, que se recusaram a aceitar a abertura da economia e, especialmente, a abertura política. A Coreia do Norte rompeu formalmente com o governo de Gorbachev, em 1988.

O fim da ajuda econômica soviética a seus antigos aliados levou-os a uma situação de penúria, que os têm obrigado, mesmo contra a vontade, a buscar a presença de investimentos estrangeiros, sobretudo no setor do turismo. A Coreia do Norte não pode contar sequer com o apoio da China, cujo sistema "socialista" foi profundamente alterado nas últimas décadas e que está mais interessada em se aproximar da Coreia do Sul e dos demais países capitalistas. Em função dessas mudanças, vários analistas preveem que Cuba e Coreia do Norte não conseguirão manter seus regimes por muito tempo.

O Brasil e a Guerra Fria

Até agora foram abordados os principais marcos políticos, militares e econômicos que assinalaram o período da Guerra Fria (1947/ 1989). Outro aspecto a ser ressaltado na análise da dinâmica do conflito Leste x Oeste é o posicionamento do Brasil frente a exigência de um alinhamento aos interesses norte-americanos. Essa exigência conduziu, entre outras coisas, ao crescimento da influência econômica, militar e cultural norte-americana em nosso país, afetando tanto os rumos de nossa política externa, como também nas escolhas internas, seja nos setores econômico e político, ou mesmo na transformação de diversos aspectos culturais, como veremos a seguir.

Naquele contexto, dificilmente algum país conseguiria manter-se neutro perante o conflito das duas superpotências. E o Brasil não fugiu a regra, sobretudo pela sua posição estratégica na América Latina. Sob o aspecto geográfico, há dois elementos a serem destacados: sua posição privilegiada é fundamental para o controle do Atlântico Sul; e seu extenso território lhe permite ter fronteira com a maioria dos países sul-americanos. Seus recursos naturais são abundantes, especialmente o setor de minerais, imprescindível ao desenvolvimento industrial. A população local representa um mercado de consumo potencial capaz de movimentar bilhões de dólares.

A presença norte-americana no Brasil, iniciada ao final da Primeira Guerra Mundial, acentuou-se na época da Segunda Guerra Mundial, quando interesses estratégicos levaram o governo Roosevelt a definir que o estado brasileiro do Rio Grande do Norte era o local mais adequado para implantação de uma base de apoio para a invasão da Europa ocidental. A partir daí, observou-se o envolvimento norte-americano e uma mudança sensível na postura do governo e dos militares brasileiros.

Com efeito, até aquele momento, o governo Vargas mantivera uma postura de apoio não declarado à Alemanha, uma vez que ele governava com poderes ditatoriais semelhantes aos do fascismo. Os militares brasileiros, por sua vez, mantinham estreitas ligações com seus colegas europeus e eram simpáticos aos feitos bélicos da Alemanha.

Com a opção pelos Aliados (Estados Unidos, França, Inglaterra e Rússia), em 1942, o Brasil rompeu com o Eixo (Alemanha, Itália e Japão) e, a partir daí, suas relações com os Estados Unidos foram estreitadas.

Consciente do potencial de lucro gerado pelas bilheterias, o governo norte-americano já mantinha a produção cinematográfica hollywoodiana como produto permanente de sua pauta de exportação não somente para o Brasil, mas também para todo o mundo. Com o esforço de guerra, os EUA passaram a explorar intensamente a capacidade de identificação cultural inerente à linguagem cinematográfica e intensificaram essa política de exportação. No caso do Brasil, a importação maciça de filmes norte-americanos implicou também no investimento dos EUA para ampliar a infraestrutura necessária à promoção, distribuição e exibição de seus produtos em nosso país.

Entre as estratégias adotadas para essa aproximação destaca-se a realização de filmes de animação, tendo como um dos personagens centrais o Zé Carioca, de Walt Disney, ele mesmo um entusiasta da política de disseminação do *american way of life* (modelo americano de viver). Para a criação do personagem Zé Carioca, Disney contou com a assessoria do jornalista Gilberto Souto e do músico Aloísio de Oliveira (do conjunto "Bando da Lua"). Zé Carioca é a personificação do estereótipo do brasileiro amigável e "bom malandro" sempre disposto a ajudar seus amigos norte-americanos representados especialmente pelo Pato Donald (embora Mickey ainda fosse o maior "embaixador" dos EUA no cinema). Atendendo a esse espírito de cordialidade Disney lançou, por exemplo, *Saludos,*

Amigos! (Os Três Amigos – 1943) e *The Three Caballeros* (Você já foi à Bahia? – 1944).

Esses filmes, criados, sobretudo para atender a "política de boa vizinhança" apresentavam o profundo desconhecimento dos EUA em relação a seus vizinhos do Sul. Apesar das assessorias constantes e das pressões diplomáticas, os estúdios de Hollywood insistiam em confundir o Brasil com a Argentina, o México com Cuba, a língua espanhola e a portuguesa.

Outro entusiasta da "política da boa vizinhança" foi o magnata Nelson Rockefeller, que destinou milhões de dólares para o financiamento de projetos que visassem a aproximação dos países da America do Sul, especialmente o Brasil, aos interesses dos EUA. Dos inúmeros projetos financiados por ele, destaca-se a vinda do cineasta norte-americano Orson Welles para produzir um documentário sobre os hábitos e costumes brasileiros, *It's All True* (É tudo verdade). O filme não foi concluído em função dos constantes atrasos nas filmagens e do trágico acidente ocorrido na baía da Guanabara, quando morreu um dos quatro jangadeiros contratados para viajar embarcados em uma jangada e percorrer o trajeto entre as cidades de Fortaleza e Rio de Janeiro.

Várias estrelas hollywoodianas já faziam parte da galeria de ídolos populares entre os brasileiros, tais como Greta Garbo, Marlene Dietrich, Vivien Leigh, Clark Gable e Betty Davis. Com a aproximação entre Brasil e EUA, a galeria de ídolos aumentou consideravelmente. James Stewart, Gary Cooper, Errol Flynn, Humphrey Bogart, e James Cagney passaram a ser exemplos de virilidade masculina, enquanto Ingrid Bergman e Rita Hayworth se tornaram, respectivamente, referencias de feminilidade e sedução para as mulheres.

O cinema ainda tinha a vantagem de ser um divertimento barato e, portanto, acessível a todos os setores sociais.

Em grande parte, o contato entre espectadores brasileiros e os filmes hollywoodianos abriu caminho para a adoção do *american way of life* como o modelo de bem viver para muitos segmentos da população brasileira, especialmente aqueles de maior renda e que podiam consumir as maravilhas que a tecnologia lhes oferecia, tais como os eletrodomésticos da General Electric (GE), as lentes Ray-Ban, da Bausch & Lomb, ou as Laminas de barbear Gen. Astros

O *american way of life* passou a ser difundido maciçamente no Brasil, após a Segunda Guerra Mundial. A política externa dos Estados Unidos refletia-se na invasão cultural e na afirmação do estilo norte-americano de viver, seja no cinema, nas revistas, na moda ou na publicidade.

e estrelas norte-americanos se tornam os principais "garotos-propaganda" de um número cada vez maior de produtos importados dos EUA. Um anúncio de sabonetes ficou famoso naquele período e seu slogan, quase inalterado, foi utilizado até recentemente por uma empresa de artigos de higiene pessoal: "nove entre dez estrelas de Hollywood usam sabonete *Lever*" (agora com outro nome). Ginger Rogers, uma das grandes estrelas dos musicais hollywoodianos, aparecia como garota-propaganda desse anúncio em jornais e revistas de todo o Brasil.

Além dessa "invasão cultural", a preocupação com o que acontecia na política brasileira também era constante. No contexto de deflagração da Guerra Fria – durante o governo do presidente Marechal Dutra (1946-1951) – no Brasil, teve início um período de grande aproximação entre os dois países.

De acordo com o historiador brasileiro Gerson Moura, a reestruturação política ocorrida após a queda de Vargas, em 1945, e da subida ao poder do General Eurico Gaspar Dutra, em 1946, abriu caminho para uma aproximação ideológica sem precedentes entre os governos dos Estados Unidos e do Brasil. O novo pacto oligárquico que assumiu o controle das agências governamentais não reconhecia a legitimidade das demandas sociais populares e logo classificou as reivindicações sindicais e os programas nacionalistas como manifestações de uma ação subversiva, de caráter comunista. O governo Dutra também identificou suas posições internas ao anticomunismo militante do governo norte-americano, que então enfatizava cada vez mais sua oposição ao poder soviético. Ao mesmo tempo, as noções de "segurança nacional" e "segurança coletiva" disseminadas pelos órgãos militares norte-americanos encontravam correspondência nas instituições militares brasileiras que então estavam sendo criadas naquele contexto – como a Escola Superior de Guerra. Como reflexo do alinhamento do governo brasileiro com as diretrizes da "segurança nacional" ditadas pelos Estados Unidos, o governo Dutra rompeu relações com a URSS e, por meio de denúncia encaminhada ao Superior Tribunal Eleitoral, cassou o registro do Partido Comunista Brasileiro, colocando-o na ilegalidade. Ainda no ano de 1947, Dutra participou da assinatura do Tratado Interamericano de Assistência Recíproca (TIAR), ou Pacto do Rio de Janeiro, um dos primeiros acordos firmados entre os Estados Unidos e seus aliados, para garantir a defesa do continente americano contra a ameaça comunista. De fato, com a assinatura desse tratado, o Brasil oficialmente alinhava-se aos países capitalistas em nome da ajuda mútua e da defesa comum.

Em relação a política interna, Dutra endureceu a repressão contra as organizações operárias, fechando sindicatos e mandando prender seus principais líderes. Dutra, adepto da doutrina norte-americana de combate ao comunismo, alegou que essas organizações se mantinham sob a influência soviética e, portanto, deveriam ser devidamente reprimidas.

O governo seguinte, no entanto, despertou a desconfiança dos norte-americanos. Getúlio Vargas retornou ao poder por meio do voto democrático e algumas de suas decisões, como a criação da Petrobras, em 1953, foram mal vistas, devido ao caráter de "nacionalismo econômico" de que se revestiam. Há suspeitas de que por trás da formidável campanha de oposição que se formou contra Vargas e que contribuiu para seu suicídio, havia, se não o apoio, pelo menos o grande interesse do governo norte-americano.

Segundo o historiador brasileiro Leôncio Basbaum, o retorno de Vargas ao poder não agradara os norte-americanos. E suas divergências com eles se agravaram no caso do Acordo Militar com os Estados Unidos, firmado em março de 1952, contra o qual Getúlio Vargas se manifestou por interposição de seu partido. O acordo militar previa que o Brasil receberia equipamentos militares e serviços em troca do fornecimento de materiais básicos e estratégicos (urânio e areias monazíticas) aos norte-americanos. De certo modo, este acordo buscava atenuar as críticas que Vargas havia feito, em dezembro de 1951, quanto à política de remessa de lucros das grandes corporações estrangeiras para suas sedes, na época do Governo Dutra (1946-51). Vargas denunciou que 950 milhões de cruzeiros acima do que era permitido em lei haviam sido enviados para o exterior. Essas críticas contribuíram ainda mais para aumentar as resistências dos opositores de Vargas, que já vinha sendo alvo de oposição devido às relações amistosas que vinha mantendo com Perón, o presidente argentino, então em conflito com o governo norte-americano.

A partir de 1959 as preocupações norte-americanas em relação à política externa brasileira aumentaram. Recorde-se que essa data assinala a vitória da Revolução Cubana que levou Fidel Castro ao poder.

Foi, portanto, com extrema indignação que o governo dos Estados Unidos acompanhou as tentativas do presidente Jânio Quadros (1961) de implantação da "Política Externa Independente". Essa política significava, basicamente, reconhecer que o Brasil poderia se relacionar também com os países do Bloco Socialista, mesmo mantendo sua identificação ideológica com os Estados Unidos. Para tanto, o governo brasileiro reatou relações com a URSS e com a China. Contudo, tais medidas, nessa conjuntura particularmente tensa da Guerra Fria, foram interpretadas pelos norte-americanos como provocação exatamente por ferir o alinhamento que se esperava. Era o tipo de atitude que as superpotências não toleravam de seus respectivos aliados.

Ainda em janeiro de 1961, na VIII Reunião de Consulta dos Ministros de Relações Exteriores Americanos, em Punta del Este, o Brasil assumiu uma postura não alinhada aos Estados Unidos. Naquela ocasião, a delegação brasileira, chefiada por San Thiago Dantas, decidiu não aderir ao bloqueio a Cuba. Apesar disso, os

EUA conseguiram aprovar a expulsão de Cuba da Organização dos Estados Americanos (OEA). As polarizações internas, originadas por essa decisão, agravaram a instabilidade política no Brasil.

E, ao passar pelo Brasil, o representante cubano, Ernesto Che Guevara, foi condecorado por Jânio Quadros com a mais alta comenda brasileira, sendo esse encontro registrado em todos os jornais da época.

O sucessor de Jânio Quadros, João Goulart (1961-1964), também enfrentou dissabores. Mesmo sendo um rico latifundiário, sua atuação política, desde a época de Vargas, se dera nos quadros do PTB (Partido Trabalhista Brasileiro), o que incomodava profundamente a UDN (União Democrática Nacional), caracterizada pelo antivarguismo. Seu governo foi abruptamente interrompido pelo Golpe Militar de março de 1964. Sabe-se hoje, por meio de documentos encontrados em arquivos norte-americanos, que a embaixada dos Estados Unidos esteve permanentemente ligada às pessoas que desferiram o golpe e estava pronta a acionar os dispositivos militares para auxiliar os golpistas, caso necessário.

Com a emergência dos governos militares a partir de 1964, restabeleceram-se as boas relações entre o Brasil e os Estados Unidos, pois, segundo os princípios da Escola Superior de Guerra, o alinhamento brasileiro "só poderia ocorrer com o mundo capitalista".

Criada pela Lei n° 785/49, aos moldes dos centros de formação de oficiais militares norte-americanos, a Escola Superior de Guerra tem o objetivo de formar oficiais militares para o exercício de funções de direção e assessoria superior para o planejamento da Defesa Nacional. Essa identificação de ideias entre militares brasileiros e norte-americanos teve início na Segunda Guerra Mundial, quando o Brasil se aliou aos EUA na luta contra o nazifascismo. A Força Aérea Brasileira (FAB), por exemplo, foi criada a partir dos moldes e sob a orientação da Força Aérea Norte-americana. E foi justamente entre essas instituições militares que os EUA conseguiram alguns de seus mais importantes aliados para garantir o alinhamento do Brasil aos seus interesses.

Apenas no governo de Ernesto Geisel (1974-1979) ocorreram alguns estremecimentos, em virtude de o Brasil ter sido o primeiro país a reconhecer a independência de Angola, cujo governo era socialista, e ter assinado um tratado de cooperação nuclear com a Alemanha, que garantiria a transferência de tecnologia para nosso país.

Considerando esses exemplos fica evidente que o Brasil, como, aliás, quase todos os países do mundo, não pôde se furtar a definições claras no que se refere às suas alianças no período da Guerra Fria. Claro está, no entanto, que, com o passar do tempo e as várias alterações ocorridas no cenário mundial, algum espaço de manobra era possível. Quando houve a invasão do Afeganistão pelas tropas soviéticas, por exemplo, o governo norte-americano pressionou o Brasil para que participasse do embargo econômico contra a URSS, mas não foi atendido. Os dois episódios do governo Geisel citados acima também confirmam a existência desse espaço de manobra, mesmo havendo censura do governo norte-americano.

É preciso ressaltar, no entanto, que alguns grupos, particularmente entre a elite brasileira, comungavam do anticomunismo e nunca se furtaram a apoiar as políticos norte-americanas e a pressionar os governos brasileiros nesse sentido. Como se sabe, o período de ditadura militar teve início exatamente com uma articulação de empresários com os militares, ambos preocupados com o suposto comunismo do governo Goulart. A enorme repressão aos trabalhadores no período militar sempre contou com o apoio desses empresários, que conseguiram levar seu discurso a amplos setores da classe média, dela obtendo o apoio, pelo menos por certo período.

Guerra Fria e cotidiano

A Guerra Fria não foi travada apenas nos campos de combate. Ela envolveu a todos, como já foi salientado, imiscuindo-se no cotidiano das sociedades, virtualmente obrigadas a viver de acordo com os parâmetros estabelecidos pela potência dominante em cada bloco. Até mesmo uma "inocente" ida ao cinema poderia nos levar a participar do processo, ainda que como meros espectadores. Essas questões serão examinadas a seguir.

A IMPOSIÇÃO de modelos

De fato, Hollywood foi um dos grandes instrumentos de veiculação das mensagens que os governantes norte-americanos queriam vender para seus aliados. Desde os filmes que buscavam demonstrar a excelência do *american way of life*, baseado no consumo desenfreado e na priorização do sucesso individual em prejuízo da ação coletiva, chegando às incríveis produções da série *Rambo*, o super-homem de carne e osso, tão a gosto do presidente Reagan. A visão maniqueísta da luta entre o Bem e o Mal se reproduzia em filmes, peças publicitárias e até mesmo em desenhos animados, que eram vistos nos aparelhos de televisão como os (nada inocentes) desenhos do *Super-homem*, da *Mulher Maravilha*, do *Capitão América*, entre outros. Super-heróis que vestiam uniformes que nada mais eram do que uma estilização da bandeira norte-americana, o símbolo do Bem, e que enfrentavam terríveis inimigos, normalmente utilizando roupas em tons vermelhos (numa referência à bandeira da URSS) mas que, por mais poderosos que fossem, sempre eram derrotados, pois o Bem sempre vencia o Mal. Utilizavam a força, o que enfatizava a necessidade de reforçar sempre o recurso aos armamentos, pois os soviéticos só poderiam ser combatidos com soluções de força.

Além disso, as maravilhas do desenvolvimento tecnológico, como a televisão, os eletrodomésticos e o automóvel eram tidos como símbolos de bem-estar e de sucesso individual, só possíveis numa sociedade capitalista. Já os soviéticos não tinham nada disso, pois estavam subjugados por uma ditadura autoritária.

Claro que, apesar de não chegarem ate nós, brasileiros, as peças de propaganda soviética diziam exatamente o contrario, mostrando que a felicidade estava no coletivo, não no individual. Se os soviéticos não tinham automóveis para todos, se os aparelhos de televisão eram raridade, se os eletrodomésticos não funcionavam a contento, nada disso tinha importância. Afinal, foi a URSS quem colocou o primeiro satélite artificial em volta da Terra e a primeira a enviar um homem (Gagarin) ao espaço. E haveria algo mais importante ainda de acordo com essa propaganda: os vícios próprios do sistema capitalista tinham sido abolidos da URSS, como a prostituição, as drogas, a desigualdade, o desemprego.

No cartaz russo dos tempos da Revolução, as imagens e conceitos que mais tarde iriam se contrapor à propaganda ideológica norte-americana: enquanto o *american way of life* pregava o consumismo e o sucesso individual, a propaganda soviética enaltecia o coletivismo e a união entre as classes trabalhadoras.

Nas artes também se podem ver os reflexos da Guerra Fria. Enquanto no Ocidente, apesar de tudo, uma lista interminável de estilos se desenvolvia, na URSS ocorria o banimento desses estilos, considerando-se o "realismo socialista" o único possível. A arte moderna era "lixo proveniente de uma sociedade burguesa decadente", segundo os dirigentes soviéticos, que apreciavam apenas as fortes imagens de trabalhadores e camponeses sorridentes e de líderes resolutos.

A literatura, as ciências, a pesquisa e o ensino na URSS também eram instrumentos de convencimento, já que deveriam estar sempre prontas a adequar-se ao regime ou defendê-lo propagando suas virtudes. A censura à imprensa fazia com que os cidadãos não tivessem oportunidade de analisar o que de fato ocorria dentro do país e no mundo: as pessoas recebiam uma informação padronizada, elaborada e aprovada pelo Partido. As obras de autores estrangeiros dificilmente eram acessíveis (o contrabando existia, é claro, mas com todos os riscos imagináveis). Os poucos escritores que ousavam publicar algo contrário ou discordante eram presos e, muitas vezes, internados ou enviados a campos de trabalho forçado. Isso ficou muito patente na época de Stalin, mas perdurou nos governos que lhe seguiram, a ponto de o historiador Isaac Deutscher, na década de 1950, afirmar que os escritores soviéticos precisavam reaprender a escrever.

Os efeitos dessa situação foram, evidentemente, drásticos. Além das perseguições aos intelectuais dissidentes, observa-se um verdadeiro "vácuo cultural". Para um país que conheceu Dostoievski, Tolstoi e tantos outros famosos em todo o mundo, a URSS não conseguia mostrar ao mundo nem um outro escritor de valor.

Até mesmo o conhecimento histórico ficou abalado, já que a cúpula soviética definia previamente uma verdade "pronta e acabada", restando aos historiadores apenas repetir indefinidamente as teorias leninistas e até mesmo as de Stalin a respeito da História. Documentos eram falsificados ou simplesmente ignorados, pois nada poderia se contrapor a versão oficial.

As competições esportivas também tornavam-se palco do conflito. As Olimpíadas resumiam-se à eterna disputa entre norte-americanos e soviéticos, que dividiam entre si a maioria das medalhas. Em 1980, as Olimpíadas de Moscou foram boicotadas pelos norte-americanos em represália à invasão do Afeganistão pelas tropas soviéticas. O troco foi dado em 1984, quando ocorreu o boicote soviético às Olimpíadas de Los Angeles, demonstrando que, na Guerra Fria, todas as armas eram válidas.

Os jornais e revistas também foram amplamente utilizados como meios de propaganda dos respectivos regimes. Uma das revistas mais categoricamente favoráveis à visão norte-americana era a *Seleções do Reader's Digest*, publicada em várias línguas e com tiragens mensais superiores a um milhão de exemplares. Lida por um público numeroso, ela contribuiu, e muito, para disseminar a propaganda norte-americana, ao mesmo tempo em que denunciava as mazelas do regime soviético.

A produção de livros também contava com apoio do governo norte-americano. O intelectual francês Claude Julien assim comentou a questão:

> O império cultural não utiliza apenas a imprensa, a televisão, o cinema ou os estudantes estrangeiros convidados a estudar nos Estados Unidos. Os livros são, para o império, uma arma muito importante. Dois organismos federais dotados de grandes meios financeiros dedicam-se a divulgar no mundo a propaganda norte-americana. Um deles foi criado especialmente para esse fim: trata-se da *United States Information Agency* (USIA). O outro, que é de surpreender encontrarmos nesta aventura, é o serviço americano de espionagem, a *Central Intelligence Agency* (CIA). [...]
>
> O objetivo da USIA foi definido em março de 1964, por Reed Harris, que onze anos antes havia sido vítima da "caça às bruxas", de McCarthy, mas que, apesar disso, não hesitava em empregar argumentos dignos do famigerado senador. Com efeito, Harris explicou: "Mandamos escrever livros segundo nossas próprias estipulações, livros que, sem isso, jamais seriam publicados, em especial os livros fortemente anticomunistas. [...] Controlamos o livro desde a sua concepção até às últimas correções do manuscrito."
>
> Em 1956, a USIA consagrou 570.850 dólares para subvencionar 104 livros "que não teriam sido escritos ou publicados pelo mercado comercial sem o encorajamento da Agência". Além disso, no mesmo ano, aquele mesmo órgão gastou 183.905 dólares para fazer escrever, por encomenda, segundo as suas indicações e sob o seu controle, 46 outros livros. Estas duas formas de contrato obrigam o autor e o editor a não revelarem, de forma alguma, a intervenção da Agência. (Julien, Claude. *O império americano*. Rio de janeiro: Civilização Brasileira, 1970, pp. 325-9).

Nessas obras encomendadas, além do elogio extremado das virtudes do regime, havia, de forma clara ou velada, a censura ao modelo soviético, a difamação de personagens, enfim, elas eram importantes veículos de convencimento e, ao mesmo tempo, de tentativa de destruição do "comunismo".

Esse papel de "combatente do Mal" era realizado também nas escolas para crianças e jovens, onde o ensino, especialmente de História, era orientado pelo temor do comunismo. Uma das cenas finais do filme *Culpado por suspeita*, já referido, mostra o senador McCarthy ameaçando apresentar um projeto de lei determinando que os professores deveriam se submeter a um "exame ideológico" antes de serem contratados, justamente para evitar que pessoas suspeitas pudessem "contaminar as mentes impressionáveis das crianças".

Selo postal norte-americano com a imagem de Elvis Presley, um dos ícones da indústria cultural e da revolução de comportamento das décadas de 1950 e 1960.

RESISTIR é preciso

A propaganda costuma ser muito eficiente, mas dificilmente consegue convencer todas as pessoas. E isso ocorreu também na época da Guerra Fria. Muitos se convenceram das "verdades" das duas superpotências, mas outros atuaram de forma mais crítica, denunciando, de uma forma ou de outra, os dois sistemas. Resistiram, portanto.

Nesse particular, a década de 1960 foi especialmente intensa. Em todo o mundo se presenciaram movimentos de protesto contra os dois sistemas hegemônicos. Na Primavera de Praga, ocorrida em 1968, o governo da Tchecoslováquia, aliado a sociedade civil, introduziu uma serie de reformas econômicas e políticas, incluindo a abolição da censura e uma maior liberdade de expressão. Desse modo, o governo e os cidadãos tchecos disseram "Não!" ao modelo soviético, propondo um "socialismo de rosto humano", ou seja, um socialismo com características democráticas, fugindo do modelo originário da URSS. Além disso, os dirigentes buscavam afirmar a soberania nacional, contando com amplo apoio popular. Em represália, na noite de 20 de agosto de 1968, os tanques soviéticos invadiram a capital Praga. A URSS ainda convocou seus aliados do Pacto de Varsóvia e reprimiu o movimento com violência.

Na Franca, em maio de 1968, uma rebelião estudantil deu origem a um dos maiores problemas do governo, contagiando os estudantes de quase todos os países do Ocidente. O que começou com uma reivindicação pela reestruturação das normas disciplinares dos dormitórios estudantis, que proibiam qualquer visita masculina aos alojamentos femininos, desencadeou uma onda de protestos contra a decadência do sistema de ensino superior francês, em consequência, entre outros fatores, da superlotação das escolas no pós-guerra. Questionavam também a Reforma Universitária que o governo queria im-

Pôster do movimento de maio de 1968 na França. A rebelião estudantil desencadeou uma onda de protestos e buscou a aliança com as classes trabalhadoras. Era a busca por um "socialismo mais humano", longe da censura e da repressão do modelo soviético.

plantar, alegando que a universidade perderia seu caráter de centro de produção de conhecimento cientifico para se tornar "fabricante" de mão de obra para as empresas. Entre os dias 6 e 13 de maio, a revolta estudantil transformou-se em uma insurreição em massa liderada por estudantes de esquerda que propunham maior participação nas decisões nos Conselhos de escolas e o fim do que denominavam "culto da produção", denunciando o valor excessivo que se dava ao trabalho e ao consumismo. Um dos momentos mais tensos ocorreu em 10 de maio, quando os estudantes ergueram barricadas no quartier Latin para enfrentar a repressão policial. Em 22 de maio, mais de nove milhões de operários paralisaram suas atividades, configurando um apoio dos trabalhadores aos estudantes, mas que durou pouco tempo em virtude das desconfianças existentes, pois os estudantes eram vistos por eles como "filhinhos de papai" e, de fato, apesar de se tentar uma união dos dois grupos, não existiam muitas afinidades entre eles. Os protestos somente terminaram nas eleições de 23 a 30 de junho quando os setores ligados ao governo de Charles de Gaulle venceram. Como afirmam alguns autores, o medo que tomou conta da sociedade por causa dos protestos e das paralisações de diversos setores da economia contribuíram para que, nas urnas, a "ordem" prevalecesse.

No Brasil sob o regime militar (apoiado pelos Estados Unidos, uma vez que o golpe fora justificado como necessário para acabar com a ameaça comunista), os confrontos entre estudantes e trabalhadores com as forças policiais e militares foi uma constante. Nem todos os operários e estudantes podiam ser identificados com o comunismo, mas a repressão se abateu de forma indistinta sobre todos os que protestavam contra a ditadura e a favor da liberdade de expressão.

Diversas organizações estudantis, como a UNE (União Nacional dos Estudantes) já se organizavam na época do presidente João Goulart (1961-1964) para pressionar o governo a avançar e, mesmo, radicalizar, na realização das reformas sociais no país. Quando os militares tomaram o poder, em 1964, as organizações estudantis passaram a ser consideradas por eles um dos setores mais identificados com a esquerda comunista, "subversiva e desordeira". Enquanto os estudantes buscavam empreender ações de contestação ao autoritarismo, o governo militar desqualificava suas reivindicações chamando-os de baderneiros perigosos, e desse modo tentava justificar a intensa perseguição que se estabeleceu.

No setor educacional, entre outros objetivos, o governo pretendia cercear a autonomia universitária, especialmente em relação às instituições de ensino superior públicas e privilegiar a expansão das escolas de ensino superior particulares. De acordo com a economista Cristina Helena Almeida de Carvalho, que analisou a reforma universitária e os mecanismos de estímulo à expansão do ensino privado entre 1964 e 1984, esse incentivo era parte de uma política de desenvolvimento autoritário, que se baseava em duas teorias. A primeira defendia a ideia de que, através de um processo linear, a industrialização seria necessariamente o próximo passo na caminhada rumo ao desenvolvimento econômico. A segunda teoria, muito difundida naquele período, chamada de Capital Humano, afirmava a necessidade de ampliação das oportunidades e do acesso à educação formal, sobretudo ao ensino superior, que deveria ocupar um lugar de destaque e se tornar um elemento propulsor do desenvolvimento econômico. (Essas ideias foram bastante questionadas por estudiosos do assunto que desconfiavam de sua eficácia para países periféricos, como o Brasil. Os críticos dessa política educacional afirmavam que ela não seria suficiente para promover a mobilidade social e/ou a redução da desigualdade de rendimentos no país pois as condições socioeconômicas dos estudantes e a estrutura segmentada do mercado de trabalho também deveriam ser considerados). Acordos entre o Ministério da Educação e a USAID (agência norte-americana encarregada de destinar verbas e auxílio técnico para projetos de desenvolvimento educacional) foram firmados a partir de 1966 e tinham como objetivo a reforma completa do ensino superior brasileiro, priorizando a privatização das instituições de educação. A reforma universitária seria executada a partir de comissões de planejamento compostas basicamente por técnicos norte-americanos, que estabeleceriam diretrizes para toda a política educacional, de maneira a aproximar o sistema universitário brasileiro ao modelo adotado pelas universidades dos EUA.

Essas diretrizes sofreram reações dos mais diversos setores no país e foram as manifestações estudantis um dos mais expressivos meios de denúncia das implicações decorrentes dessa reforma, tais como a consequente perda da autonomia universitária e do exercício da liberdade de pensamento e expressão que caracterizam tradicionalmente a vida acadêmica. O movimento estudantil ainda denunciou as demissões arbitrárias de professores que ousaram se opor às ideias impostas pelo novo governo.

Outro importante movimento de reação ao autoritarismo militar foi a Ação Popular, que teve origem em 1962 a partir de grupos católicos, e exercia grande influência no movimento estudantil. Entre 1962 e 1972 todos os presidentes da UNE pertenciam à Ação Popular Inicialmente, mantinha uma tendência moderada, mas passou a considerar a possibilidade da luta armada na medida em que os órgãos de repressão radicalizavam suas ações. Em 1967, a Ação Popular mudou sua sigla para APML (Ação Popular Marxista-Leninista) e buscou aliados entre os movimentos camponeses e de boias-frias. Vários de seus lideres foram assassinados e a Ação Popular terminou com sua incorporação ao PC (Partido Comunista) do Brasil.

Trabalhadores urbanos e rurais também se posicionaram contrários ao autoritarismo militar. Os trabalhadores rurais que, na década de 1950, formaram as Ligas Camponesas foram duramente reprimidos a partir de 1964. No espaço urbano, o setor industrial destacou-se na liderança das ações de reivindicação dos direitos trabalhistas e civis. Em 1968, ocorreram as importantes greves dos metalúrgicos de Osasco (SP) e de Contagem (MG). O governo reagiu aumentando a repressão. As greves voltaram ao cenário político brasileiro somente em 1978, quando 1.600 metalúrgicos, no ABC paulista, saíram às ruas e ocuparam as fábricas automobilísticas para reivindicar seus direitos trabalhistas. (Até 27 de julho registraram-se 166 acordos entre empresas e sindicatos, beneficiando cerca de 280 mil trabalhadores. Nessas negociações, destacou-se a liderança do então presidente do Sindicato dos Metalúrgicos de São Bernardo e Diadema, Luís Inácio Lula da Silva.)

Nos movimentos de protesto contra a ditadura e a favor da liberdade de expressão, muitas vezes os artistas também se engajavam. O Cinema Novo, o teatro e os compositores questionavam a "modernização" do país, o autoritarismo, a dependência do Brasil aos Estados Unidos. Mostravam a necessidade de se encontrar saídas para o atraso econômico e as desigualdades sociais e tais saídas incluíam, quase sempre, os modelos socialistas disponíveis. A censura oficial se abateu sobre dezenas de artistas, que tiveram suas obras proibidas ou mutiladas além de terem sido eles próprios ameaçados e perseguidos. Particularmente nos décadas de 1960 e 1970 houve uma onda de perseguições a estudantes, operários, intelectuais e artistas, muitos dos quais foram presos, torturados e mortos, enquanto outros se exilavam ou eram "convidados" a se exilar, como foi o caso dos cantores e compositores Caetano Veloso, Chico Buarque de Hollanda e Gilberto Gil. O grande educador Paulo Freire, responsável por um método de alfabetização extraordinário, também foi uma das vítimas do regime, pois seu método era considerado subversivo, na medida em que objetivava a formação de cidadãos críticos. Dispensado do Brasil, Paulo Freire foi ensinar seu método em vários países, enquanto nós continuávamos a manter altas taxas de analfabetismo.

Nas universidades, professores e alunos eram vigiados constantemente. Os textos do pensador Marx, fundamentais para historiadores, economistas e sociólogos, foram banidos das bibliotecas e quem se atrevesse a utilizá-los corria o risco de ser aposentado ou preso. Os estudantes eram vigiados pelo Decreto 477, que punia com a expulsão e proibição de se matricular por cinco anos caso atuassem em atividades consideradas subversivas. A imprensa sofria com a censura prévia, obrigando jornais e revistas a inventarem recursos mirabolantes para, no mínimo, denunciarem que seus textos haviam sido censurados. O jornal *O Estado de S. Paulo*, por exemplo, publicava trechos de poemas de Camões ou receitas de bolo nas partes das noticias que haviam sido vetadas pelos censores. Os jornais de oposição como *Movimento, Opinião, De Fato* e *O Pasquim* encontravam dificuldades enormes para sair às ruas. Nenhuma empresa queria veicular qualquer anúncio nesses jornais, pois recebia ameaças veladas dos órgãos de segurança.

Mas não foi apenas no Brasil que esses efeitos deletérios da Guerra Fria se manifestaram no cotidiano da sociedade. Nossos vizinhos da America Latina também passaram pelos mesmos problemas. Veja-se, por exemplo, a situação do Uruguai, descrita pelo escritor Eduardo Galeano:

Num país pequeno e despovoado como o meu, a militarização da sociedade não corresponde a nenhum projeto expansionista; não serve também para a defesa das fronteiras, por ninguém ameaçadas. Trata-se de criar uma economia de guerra em tempo de paz? Mas as armas vêm de fora e os inimigos estão dentro. Quem são os inimigos? Quantos sobraram? No Uruguai existem de quatro a cinco mil presos políticos. Não é pouco. No começo, foram os guerrilheiros. Depois, os militantes dos partidos de esquerda. Depois, os sindicalistas. Depois, os intelectuais. Depois, políticos tradicionais. Depois, qualquer um. A máquina não para, exige combustível, enlouquece, devora o inventor: os partidos de direita outorgaram poderes especiais e recursos extraordinários às forças armadas para livrar-se dos tupamaros [Movimento de Libertação Nacional Tupac Amaru, grupo uruguaio ligado à luta armada] e em pouco tempo os militares ficaram com o poder e liquidaram os partidos. Entre 1973 e 1974, vinte mil pessoas passaram pelas prisões e quartéis; a tortura se converteu num sistema interrogatório habitual. Nas câmaras de tortura, muitos homens já perderam a vida. Rebentaram o fígado de alguns, com pontapés. A outros, o coração falhou quando lhes submergiram a cabeça nos tanques de água suja e merda. Outros morreram quando a situação se prolongou por vários dias e noites. Outros, devido aos choques elétricos. E houve mesmo uma moça que morreu asfixiada com um saco de náilon amarrado à sua cabeça. (Galeano, Eduardo. *Vozes crônicas*: Che e outras histórias. São Paulo: Global/Versus, 1978).

Na Argentina, panorama idêntico, ou até mais aterrador, também foi observado. Com uma particularidade mais impressionante ainda: as vítimas, muitas vezes, foram crianças, em número difícil de ser calculado, mas que chega próximo de dez mil. Não que elas fossem presas e torturadas, mas ficaram órfãs, pois os pais foram mortos pela repressão desencadeada pelo governo militar. Muitas delas sequer chegaram a conhecer suas famílias. Algumas foram adotadas pelos próprios torturadores (tema, aliás, de um filme extraordinário, *A História Oficial*).

O drama dessas crianças foi alvo de uma reportagem da revista *IstoÉ*:

Quando o médico lhe pediu que desenhasse uma casa, o que acabou por sair dos lápis coloridos de Pablo, um menino de 8 anos, foi na verdade o esboço de um cárcere – uma casa semelhante àquelas que as crianças de sua idade divertem-se em rabiscar, mas com as portas e janelas cobertas por grades. O caso de Ramón, de 6 anos, é ainda mais agudo: ele sofre de alucinações, vê fantasmas na sala de jantar, comporta-se agressivamente e tem atitudes que seu medico supõe suicidas, como enfiar hastes de metal nas tomadas elétricas. Pablo e Ramón são nomes fictícios de duas crianças argentinas, duas situações exemplares tomadas ao acaso entre o mais vulnerável, indefeso e ao mesmo tempo menos notado entre os vários grupos de vítimas do regime militar – o contingente dos filhos de desaparecidos, estimado pelas entidades de defesa dos direitos humanos em até 8 mil crianças. (*IstoÉ*. São Paulo: Editora Três, 24 nov. 1982.)

Estes são apenas alguns exemplos de uma situação que esteve presente em vários países do mundo. Claro que a tortura e os métodos policiais violentos não se deviam apenas às disputas entre Estados Unidos e União Soviética, mas, sem dúvida, o contexto da Guerra Fria acentuou ainda mais o desrespeito aos direitos humanos, pois foi um momento em que a liberdade de expressão e de reunião foram duramente reprimidas, quase sempre utilizando o elemento ideológico como justificativa para essa repressão.

Tentando compreender a Guerra Fria

Conflito interessante e tema polêmico, a Guerra Fria tem sido alvo de debates e leituras variadas. Contudo, muitas dessas interpretações seguem o maniqueísmo que marcou esse conflito. Com efeito, há autores que conferem aos Estados Unidos o papel de defensores da civilização ocidental contra uma ameaça totalitária expressa pelo expansionismo soviético. Outros afirmam que a União Soviética apenas se defendeu das ameaças do imperialismo norte-americano. Ou seja, continuamos a observar que a política mundial teria se desenvolvido sob a ótica do Bem x Mal. Será que, em se tratando de questões relativas a política internacional, as coisas se passam de modo tão simples?

O historiador norte-americano J. P Morray, em seu trabalho clássico sobre as origens da Guerra Fria, afirma que por trás da luta entre ideologias havia algo bem mais consistente, que seria a hegemonia sobre a maior parte do mundo:

> A guerra fria é uma luta entre ideologias. Nessa olimpíada ideológica, Estados poderosos se enfrentam num estádio mundial, disputando o prêmio da liderança. Com a rápida desintegração do sistema colonial, os velhos lutadores se afastaram da competição. A ideologia do imperialismo europeu perdeu sua ascendência, após séculos de predomínio. [...] A humanidade espera um novo campeão, uma nova ideologia dominante, a ser glorificada pelo júri da História. A Guerra Fria é uma luta entre a União Soviética e os Estados Unidos da América por essa ambicionada recompensa. (Morray, J. P. op. cit., p. 11).

Isaac Deutscher, historiador polonês que viveu todo o processo inicial da Guerra Fria, procurou demonstrar que o "conflito Leste x Oeste" teve suas origens a partir de convicções absolutamente errôneas dos norte-americanos com relação à URSS. Em uma conferência pronunciada em Berkeley, nos Estados Unidos, na época da Guerra do Vietnã, ele apresentou essas convicções, intitulando-as "os mitos da Guerra Fria". Afirmava ele que quatro grandes mitos tinham sido construídos: a superioridade da URSS; a crença de que a URSS jamais alcançaria os Estados Unidos no que se refere ao desenvolvimento tecnológico; a de que toda revolta ou revolução que acontecesse no Terceiro Mundo seria incentivada por Moscou; e a de que o bloco socialista constituía um monólito indestrutível. Para ele, "a Rússia não poderia absolutamente – mesmo que se argumentasse com as razões mais cínicas, mesmo que considerássemos que ela tinha os piores dirigentes possíveis – a Rússia não poderia ameaçar ninguém [...]". Afirma Deutscher, até com uma certa ironia, que, ao mesmo tempo em que o governo norte-americano divulgava a suposta ameaça que a URSS representava, criava-se um segundo mito, o de que os Estados Unidos sempre teriam a superioridade tecnológica (especialmente a nuclear).

> Se, por um lado, a capacidade real e imediata da Rússia de levantar a mão contra o Ocidente foi, digamo-lo eufemisticamente, grandemente exagerada, a força potencial da Rússia, sua capacidade para o desenvolvimento industrial, foi grandemente e ridiculamente subestimada. [...] Uma cadeia de ilusões desfeitas uma após outra. E apesar disso, até que o Sputnik russo se elevasse no espaço exterior, a presunção da incontestável superioridade tecnológica dos Estados Unidos em todos os setores, em todos os setores militares, era tida como certa – nos Estados Unidos, e também na Grã-Bretanha e em toda a Europa ocidental. (Deutscher, op. cit., pp. 17-8).

O terceiro mito apontado por Deutscher, a identificação entre comunismo e subversão, era:

> Uma das suposições menos inteligentes feitas no Ocidente, a de que Stalin ou seus sucessores estivessem ou estejam comprometidos com a revolução internacional. Os que se deram ao trabalho de estudar a história

soviética sabem o que Stalin e mesmo seus sucessores representaram foi um profundo conservadorismo, o conservadorismo de uma nova burocracia pós-revolucionária privilegiada que estava [...] interessada antes de tudo na preservação do *status quo* tanto dentro como fora da União Soviética. (Deutscher, op. cit., p. 19).

O quarto mito, o do monolitismo do Bloco Socialista também era facilmente desmontável. Bastava observar a situação de países como a Iugoslávia e a China. Esses dois países se tornaram socialistas contra a vontade de Stalin e romperam com a URSS em pouco tempo, o que vinha explicitar as fraturas no pretenso "monólito".

O que Deutscher procurou mostrar foi que a Guerra Fria era um conflito insensato, construído a partir de meias-verdades. Persiste, no entanto, uma questão fundamental: por que a Guerra Fria existiu?

O já citado historiador Demetrio Magnoli propõe uma resposta a partir dos múltiplos interesses de poder das duas superpotências:

> Encarando como vital cada um de seus interesses espalhados por todo o mundo, as superpotências fecham o caminho da resolução dos conflitos pela negociação: daí resulta a ausência de paz. Entretanto, o temor compartilhado da confrontação armada afasta igualmente a via da guerra como solução para os impasses. Nem paz, nem guerra. Guerra Fria.
> [...] Guerra fria é, nesse sentido, uma confrontação múltipla (econômica, política, diplomática, cultural, propagandística) entre as duas superpotências que questionam de maneira incessante a distribuição mundial dos fluxos de influência e poder. Entre os meios empregados para esse questionamento encontra-se a utilização de confrontos armados indiretos em circunstâncias e lugares que excluam, ao menos hipoteticamente, a possibilidade de uma escalada até um confronto bélico direto. (Magnoli, op.cit., p. 45).

O diplomata brasileiro Gelson Fonseca Júnior entende a Guerra Fria como um "sistema" organizador das relações internacionais. Como todo sistema, possui atributos de regularidade e constância. Segundo ele, o sistema bipolar teve como características básicas a existência de duas potências que possuíam um poder militar superior a de todos os outros países. Além disso, elas se identificavam como portadoras de uma ideologia, que seria a panaceia para todos os problemas relacionados à paz e ao desenvolvimento. A rivalidade entre as duas potências era o fator dinâmico do sistema, manifestando-se no plano estratégico-militar e ideológico, já que ambas buscavam controlar amplamente suas respectivas áreas de influência. Em função dessas características, todos os acontecimentos internacionais acabavam se referindo à Guerra Fria. E, muitas vezes, até mesmo os organismos internacionais (como a ONU) acabavam ficando paralisados (no Conselho de Segurança da ONU, por exemplo, as duas superpotências possuíam poder de veto). Por outro lado, os desmesurados arsenais nucleares de norte-americanos e soviéticos geravam o que Fonseca Júnior chama de "dinâmica da limitação", na medida em que dificilmente se poderia utilizar tais arsenais. Assim, meios diplomáticos e as pressões militares eram utilizados até à exaustão para se evitar o confronto direto entre EUA e URSS.

De acordo com Noam Chomsky havia uma diferença fundamental entre a ideologia e a realidade da Guerra Fria. Ideologicamente, as duas superpotências afirmavam sua "inocência", acusando uma à outra de ser a responsável pela agressão. Mas, no fundo, o que esse discurso ideológico pretendia realizar era a manutenção da dominação sobre seus aliados. Tomando-se como exemplo a Hungria (1956) e a Nicarágua (1980) verifica-se uma demonstração clara de que a tentativa de invasão, no segundo caso, e o violento esmagamento da revolta húngara foram justificados por meio do mesmo discurso. Era a ameaça do "outro". Conter o "imperialismo americano" era sempre a legitimação para as intervenções soviéticas em países que pertenciam ao seu bloco, da mesma forma que o "perigo vermelho" legitimava as intervenções norte-americanas em países de sua área de influência.

No princípio da década de 1980 – terceira fase da Guerra Fria –, quando o temor de uma hecatombe nuclear tornava-se mais sensível, Chomsky escreveu:

> Por que as superpotências acumulam esses gigantescos sistemas de massacre e destruição potenciais? Cada uma tem uma resposta que é a mesma. Cada superpotência descreve seu sistema como "defensivo". Cada uma está preocupada em deter seu violento adversário, cujo objetivo é dominar o

mundo. Cada uma está tentando se defender, ao passo que a outra esta tentando expandir seu poder, em uma espécie de jogo de soma zero: o que uma ganha, a outra perde. A forma como os ideólogos das duas superpotências descrevem o sistema não é totalmente falsa. Uma propaganda efetiva não pode ser inteiramente falsa. Mas, por outro lado, a verdade real do sistema e completamente diferente. O fato básico e crucial, que nunca é demais repetir, é que o sistema da Guerra Fria é altamente funcional para as superpotências, e é por isso que ele persiste, apesar da probabilidade de mútua aniquilação no caso de uma falha acidental, que ocorrera mais cedo ou mais tarde. A Guerra Fria fornece um arcabouço onde cada uma das superpotências pode usar a força e a violência para controlar seus próprios domínios contra os que buscam um grau de independência no interior dos blocos – apelando a ameaça da superpotência inimiga, para mobilizar sua própria população e a de seus aliados. (Chomsky, Noam. Armas estratégicas, Guerra Fria e Terceiro Mundo. Apud: Thompson, Edward. *Exterminismo e Guerra Fria*. São Paulo: Brasiliense, 1985, pp. 189-90).

Esta talvez seja a mais importante reflexo que se possa fazer. Chega-se a conclusão de que os aliados de cada um dos blocos serviram, esse tempo todo, para legitimar os projetos hegemônicos dos dois grandes. A vida humana pouco importava. Não haveria problemas ou remorsos devido à eliminação de milhões de pessoas, sobretudo se elas residissem nos países subdesenvolvidos da América, África e Ásia. O importante era garantir o poder sobre os respectivos blocos.

Rumo a uma Nova Ordem Mundial?

Como vimos no quarto capítulo, a ascensão de Gorbachev ao poder foi um importante elemento para que a Guerra Fria finalmente se encenasse. O fim da ordem bipolar trouxe, imediatamente, a discussão sobre uma "nova ordem mundial". Para alguns apressados, como Francis Fukuyama, funcionário do Departamento de Estado dos EUA, chegava-se, enfim, ao "fim da história". O declínio dos modelos alternativos ao capitalismo liberal deixaria entrever a vitória do modelo ocidental e o mundo caminharia, a partir de então, para uma nova era, marcada pela homogeneização, pela paz. Tudo isso seria possível na medida em que o mundo todo estivesse articulado na ordem capitalista definida pelos Estados Unidos.

Na verdade, essas previsões logo se mostrariam falsas. Na década de 1990 e neste inicio de século XXI velhos fantasmas (lutas tribais, conflitos étnicos e nacionais), que o Ocidente imaginava estarem enterrados de forma definitiva, voltaram a assombrar o mundo, ao lado de novas e graves questões: o aumento da exclusão social, o terrorismo, o tráfico de drogas, os problemas ambientais, entre outros; a lista é grande. Não por acaso, Ignacio Ramonet, editor do jornal francês *Le Monde*, abriu uma coletânea de artigos, publicada no Brasil com o título de *A desordem das nações*, com um prefacio sugestivamente intitulado "Um mundo sem bússola". Mais sugestivo, ainda, é a epigrafe escolhida por ele, uma frase do poeta francês Paul Valéry: "Ha duas coisas que ameaçam o mundo: a ordem e a desordem".

Por toda parte, incertezas, alarme, desconcerto, tomam o lugar da enorme esperança de uma "nova ordem mundial". Esta, como agora se sabe, já nasceu morta. E nossas sociedades, como em precedentes épocas de transição, perguntam se não estão caminhando para uma civilização do caos. (Ramonet, Ignacio; Gresh, Alain (orgs.). *A desordem das nações*. Petrópolis: Vozes, 1996, p. 7)

A cabeça da gigantesca estatua de Lênin sai de cena na ex-URSS. Para alguns, seria o "fim da história"; para outros, o estabelecimento de uma "Nova Ordem Mundial". A derrocada dos modelos alternativos ao capitalismo prepararia o cenário para a globalização, onde os inimigos são menos evidentes.

A nova ordem internacional que está sendo gestada caracteriza-se, segundo estudiosos do tema, como um cenário dominado pelos megamercados. Cenário este em que as diferenças entre países ricos e países pobres se acentuam perigosamente, devido ao elevadíssimo padrão de desenvolvimento tecnológico dos primeiros, o que acarreta, entre outros, um enorme movimento migratório. Estatísticas da ONU demonstram que nunca houve, como agora, tanta mobilidade da população mundial. Enormes contingentes de habitantes da África, da Ásia e da América Latina procuram desesperadamente migrar, sobretudo para a Europa e Estados Unidos. São conhecidos os problemas por eles enfrentados devido às ações de grupos neonazistas e de extrema-direita que se opõem, de forma violenta, aos imigrantes.

Resta esperar que a ONU consiga, finalmente, exercer seu papel de "governo mundial", encontrando mecanismos que tornem viável a convivência harmônica entre povos e nações.

Mas não se sabe ao certo como será configurada a Nova Ordem Mundial. As indicações de que esta seria uma ordem multipolar, comandada pelos Estados Unidos, Europa Ocidental e Japão, ou seja, as sociedades pós-industriais ficaram um pouco abaladas em 2003, por ocasião da guerra contra o Iraque. Naquele momento, os Estados Unidos assumiram uma postura de desconsiderar a ONU, o que levou a uma crise com a França, Alemanha e Rússia. Ficou claro, para muitos analistas, que o governo norte-americano está realmente interessado em impor uma "ordem" monopolar, baseado no fato de que seu poderio militar é incontestavelmente o maior do mundo. A "doutrina Bush", implantada no governo de George W. Bush, admitindo "guerras preventivas" contra quaisquer supostos inimigos (agora não são mais os comunistas, mas terroristas) deixa entrever a possibilidade de novos conflitos, que podem redundar em críticas cada vez maiores à tentativa norte-americana de se impor pela força. Afinal, uma "ordem mundial" deve ser estabelecida fundamentalmente por consenso, não por imposição.

Sem dúvida, Europa ocidental, Estados Unidos e Japão são os maiores promotores e beneficiários da revolução técnico-científica que caracteriza as sociedades capitalistas mais desenvolvidas, acentuadamente a partir da década de 1970:

> [Essa revolução técnico-científica] consiste em que as capacidades intelectuais do homem são ampliadas e inclusive substituídas por autômatos, que eliminam com êxito crescente o trabalho humano na produção e nos serviços. A analogia com a primeira revolução industrial está no salto qualitativo operado no desenvolvimento da tecnologia de produção que acabou por romper a continuidade dos avanços quantitativos que se iam acumulando nas tecnologias já existentes; a diferença, porém, está em que enquanto a primeira revolução conduziu a diversas facilidades e a um incremento no rendimento do trabalho humano, a segunda, por suas consequências, aspira à eliminação total deste. Isto significa, por um lado, a libertação do homem da maldição divina do Velho Testamento, segundo a qual ele deveria ganhar o pão de cada dia com o suor do seu rosto; por outro lado, todavia, esta nova revolução coloca uma série de problemas sociais ligados à necessidade de se encontrar uma instituição que possa substituir o trabalho humano tradicional, seja como fonte de renda que permita ao homem satisfazer suas necessidades materiais, seja

como fonte tradicional de "sentido de vida", entendido como fundamental para a satisfação de suas necessidades não materiais, isto é, de suas necessidades espirituais. (Schaff, Adam. *A sociedade informática*. São Paulo: Unesp, 1993, pp. 22-3).

A "sociedade informática" já é uma realidade nos países industriais e seus reflexos começam a chegar ao antigo Terceiro Mundo. Contudo, a discussão e as medidas necessárias para prevenir os males que decorrem dessa nova revolução ainda estão a merecer a devida atenção. No plano cultural essas modificações provocam reflexos extremamente importantes. A utilização, em larga escala, dos microcomputadores coloca bilhões de informações à disposição dos usuários, nas escolas, empresas e dentro das próprias casas.

As redes de comunicação que funcionam ininterruptamente, como a CNN, trazem juntamente com novas possibilidades de informação também o risco de imposição de valores e padrões culturais.

Por outro lado, como o filósofo polonês Adam Schaff demonstra com propriedade, essas mudanças tecnológicas não significam – mecanicamente que o progresso, a democracia, a libertação humana do trabalho estafante e rotineiro se tornará realidade. Pelo contrário, na visão dele, tais mudanças podem provocar o surgimento de instituições que, a semelhança do estado altamente totalitário do livro *1984*, de George Orwell, controlarão totalmente as vidas e as mentes das pessoas, por meio dessa mesma tecnologia.

O mais assustador, no entanto, é o processo de globalização econômica que, pelos resultados até agora observados, tem contribuído para aumentar de forma sensível a exclusão de enormes contingentes populacionais. O desemprego tem aumentado de forma extraordinária, ocasionando convulsões sociais. Extensas regiões do mundo encontram-se a margem desse processo, como é o caso da África subsaariana. E o que acontecerá com seus habitantes, considerados seres supérfluos porque não têm capacidade para consumir? Serão condenados à inanição? Relegados à condição de vítimas das epidemias, como a aids? Perguntas inquietantes, para as quais as respostas ainda não foram devidamente estabelecidas.

Os problemas sociais só tendem a crescer. Afinal, Ramonet salienta que o mundo hoje possui cerca de quinhentos milhões de ricos e mais de cinco bilhões de pobres. Até quando o grito dos excluídos será ouvido sem que se faça algo por eles? Temos que esperar por uma convulsão social mundial para que as grandes potências, as grandes empresas e os poderosos governantes sejam sensibilizados? Conforme o ensaísta alemão Hans Magnus Enzensberger, vivemos uma "guerra civil" planetária, caracterizada por um terror sem objetivo, sem ritual, que passa a ser praticado por qualquer pessoa e que atinge indistintamente qualquer um. Portanto, não há mais inimigos visíveis. No período da Guerra Fria eles eram explícitos: de um lado o "imperialismo capitalista", do outro o "totalitarismo soviético". Atualmente essas certezas se dissiparam. Tanto no plano micro quanto no macrossocial, o inimigo pode ser qualquer um e todos ao mesmo tempo. Quem se responsabilizou pelos ataques ao World Trade Center, de 11 de setembro de 2001? O islamismo visto assim, de forma genérica, sem atentarmos para as suas especificidades? A luta liderada pelos EUA contra o suposto autor ou mentor dos ataques, Osama bin Laden, ameaça se estender a outros países e regiões, somente porque lá também existem muçulmanos. Mas e se foram fundamentalistas muçulmanos residentes em países da Europa? Esses países e seus governos serão também responsabilizados e atacados?

Armas nucleares são contrabandeadas da antiga URSS. Quem as está comprando? Com que finalidade? Ironia do destino: hoje se percebe que, no contexto da Guerra Fria, parecíamos muito mais seguros. Sabiam-se onde as armas estavam e quem as controlava. Mais uma vez, certezas desapareceram.

Sugestões de leituras e de filmes

Arrolamos aqui algumas sugestões de leituras que consideramos interessantes e acessíveis aos leitores (lembrando que a bibliografia sobre os temas analisados é muito extensa) e que podem servir como ponto de partida para futuras investigações e reflexões.

ALVES, Maria Helena Moreira. *Estado de oposição no Brasil*: (1964-1984). Petrópolis: Vozes, 1984.
AUDREY Francis. *China*: 25 anos 25 séculos. Lisboa: Moraes, 1976.
BARBOSA, Alexandre de Freitas. *O mundo globalizado*: política, sociedade e economia. São Paulo, Contexto, 2001.
BOURRIER, Any. Maio de 1968: dez anos depois; a revolta que mudou a sociedade francesa. *O Globo*. Rio de Janeiro, 30 abril 1978, p. 24.
CHOMSKY, Noam. *11 de setembro*. 3. ed. Rio de Janeiro: Bertrand Brasil, 2002.
CHOMSKY, Noam; HERMAN, Edward S. Os Estados Unidos contra os direitos humanos no Terceiro Mundo. In: ASSMANN, Hugo (org.) *A trilateral*: nova fase do capitalismo mundial. Petrópolis: Vozes, 1979, pp. 185-208.
DRAPER, Theodore. *O abuso da força*. Porto: Brasília, 1968.
DEUTSCHER, lsaac. *Ironias da História*: ensaios sobre o comunismo contemporâneo. Rio de Janeiro: Civilização Brasileira, 1968.
ENCICLOPÉDIA DO MUNDO CONTEMPORÂNEO. São Paulo: Publifolha, Rio de Janeiro: Terceiro Milênio, 1999.
ENZENSBERGER, Hans Magnus. *Guerra civil*. São Paulo: Cia. das Letras, 1996.

ESCOSTEGUY, Jorge. *Cuba hoje*: 20 anos de revolução. São Paulo: Alfa-Omega, 1978.

FARIA, Ricardo de Moura. *Revoluções do século XX*: São Paulo: Contexto, 2002.

FERNANDES, Florestan. *Da Guerrilha ao Socialismo*: a Revolução Cubana. São Paulo: TAQ, 1979.

FONSECA JR. Gelson. O Sistema internacional durante a Guerra Fria. *Revista USP*; *Dossiê 50 anos final de Segunda Guerra*. São Paulo: USP, n. 26

GODOY, Ivan. *Glasnost e Perestroika*: a Era Gorbatchev. São Paulo: Alfa-Omega, 1988.

GORBACHEV, Mikhail. *Perestroika*: novas ideias para o meu país e o mundo. 14.ed. São Paulo: Best Seller, [s.d.].

GORBACHEV, Mikhail. *Glasnost*: A política da transparência. São Paulo: Brasiliense, 1987.

GUERRA NA PAZ. *Os conflitos desde 1945*. Rio de Janeiro: Rio Gráfica, [s.d.].

HEIMER, Franz-Wilhelm. *O processo de descolonização em Angola*: 1974-1976. Lisboa: A Regra do Jogo, 1980.

HOBSBAWM, Eric J. *A Era dos extremos*: o breve século XX. São Paulo: Cia. das Letras, 1995.

HOROWITZ, David (org.) *Revolução e repressão*. Rio de Janeiro: Zahar, 1969.

KASSAB, Álvaro. Estudo avalia expansão do ensino superior privado. *Jornal da UNICAMP*, 23 a 29 set. 2002, ano 17, n. 191.

KURZ, Robert. *O colapso da modernização*: da derrocada do socialismo de caserna à crise da economia mundial. Rio de Janeiro: Paz e Terra, 1992.

LEWIN, Moshe. *O fenômeno Gorbachev*. Rio de Janeiro: Paz e Terra, 1988.

LIMA, J. A. Pires de. *O acordo de Paris sobre a Indochina*. Lisboa: Estampa, 1973.

MAGNOLI, Demétrio. *Da Guerra Fria à Détente*. Campinas: Papirus, 1988.

MARQUES, Adhemar; BERUTTI, Flávio; FARIA, Ricardo. *História do tempo presente*. São Paulo: Contexto, 2003.

MICHELENA, José Agustín Silva. *Crise no sistema mundial*: política e blocos de poder. Rio de Janeiro: Paz e Terra, 1977.

MORRAY, J. P. *Origens da Guerra Fria*. Rio de Janeiro: Zahar, 1961.

MOURA, Gerson. *Tio Sam chega ao Brasil*: a penetração cultural norte-americana. 2.ed. São Paulo: Brasiliense, 1985.

OHMAE, Kenichi. *O fim do Estado Nação*: a ascensão das economias regionais. 4.ed. Rio de Janeiro: Campus, 1996.

PEIXOTO, Fernando. *Hollywood*: episódios da histeria anticomunista. Rio de Janeiro: Paz e Terra, 1991.

PEREIRA, Antônio Celso Alves. *Os impérios nucleares e seus reféns*: relações internacionais contemporâneas. Rio de Janeiro: Graal, 1984.

RAMONET, Ignacio; GRESH, Atam (orgs.). *A desordem das nações*. Petrópolis: Vozes, 1996.

REIS FILHO, Daniel Aarão; FERREIRA, Jorge; ZENHA, Celeste (orgs.). *O século XV o tempo das dúvidas*: do declínio das ideologias às globalizações. Rio de Janeiro: Civilização Brasileira, 2000, v3.

ROBERTS, J. M. *História do século XV*. São Paulo: Abril, [s.d.], v. 5 e 6.

RODRIGUES, Urbano Tavares. *A Guerra do Vietname*. Lisboa: Estampa, 1968.

SCHAFF, Adam. *A sociedade informática*. São Paulo: Unesp, 1993.

SPENCE, Jonathan D. *Em busca da China moderna*: quatro séculos de história. São Paulo: Companhia das Letras, 1996.

THOMPSON, Edward (org.). *Exterminismo e Guerra Fria*. São Paulo: Brasiliense, 1985.

Filmes

Há uma extensa lista de filmes enfocando a Guerra Fria. Enumeramos, a seguir, alguns que nos parecem mais significativos para complementar as abordagens deste livro.

1. Stalin. Direção de Ivan Passer, produção norte-americana, 1992. Biografia do líder soviético.

95

2. A insustentável leveza do ser. Direção de Philip Kaufman, produção norte-americana, de 1988. A vida de um médico, tendo como pano de fundo a invasão soviética na Tcheco-eslováquia, em 1968.

3. Culpado por suspeita. Direção de Irwin Winkler, produção norte-americana, de 1991. Retrata os dramas sofridos pelos artistas e intelectuais na época do macarthismo.

4. Corações e mentes. Direção de Peter Davis, produção norte-americana, de 1974. O mais impressionante documentário feito sobre a Guerra do Vietnã.

5. Black Rain. Direção de Shohei Imamura, produção japonesa, de 1989. Os problemas que afligem uma família vítima da "chuva negra" de Hiroshima.

6. Dr. Fantástico. Direção de Stanley Kubrick, produção inglesa, de 1964. Comédia de humor negro em que um general norte-americano ordena ataque nuclear a URSS.

7. Daniel. Direção de Sidney Lumet, produção norte-americana, de 1983. A vida dos filhos do casal Rosenberg, sua atuação no movimento estudantil dos anos 60 e seus dramas psicológicos.

8. JFK – a pergunta que não quer calar. Direção de Oliver Stone, produção norte-americana, de 1991. As dúvidas levantadas por um promotor público sobre as reais condições do assassinato do presidente Kennedy.

9. Todos os homens do presidente. Direção de Alan Pakula, produção norte-americana, de 1976. Dois jornalistas do *Washington Post* denunciam o envolvimento do presidente Nixon no escândalo Watergate, levando-o à renúncia.

10. Mísseis de outubro. Direção de Anthony Page, produção norte-americana, de 1974. Os dias tensos vividos quando do bloqueio dos EUA a Cuba, em função da instalação dos mísseis soviéticos na ilha.

11. Tempo de viver. Direção de Zhang Yimou, produção chinesa, de 1994. Tem como pano de fundo a Revolução Chinesa, das origens à Revolução Cultural dos anos 60.

12. O Império do meio. Direção de Walter Salles, produção brasileira, de 1986. A China após a deflagração da política das quatro modernizações. Documentário.